A revolução da linguagem

David Crystal

A revolução da linguagem

Tradução:
RICARDO QUINTANA

Consultoria:
YONNE LEITE

Jorge ZAHAR Editor
Rio de Janeiro

Título original:
The Language Revolution

Tradução autorizada da primeira edição inglesa
publicada em 2004 por Polity Press Ltd.,
de Cambridge, Inglaterra

Jorge Zahar Editor Ltda.
rua México 31 sobreloja
20031-144 Rio de Janeiro, RJ
tel.: (21) 2240-0226 / fax: (21) 2262-5123
e-mail: jze@zahar.com.br
site: www.zahar.com.br

Preparação de originais: Rodrigo Alva
Revisão tipográfica: Eduardo Faria e Eduardo Monteiro

Capa: Dupla Design

CIP-Brasil. Catalogação-na-fonte
Sindicato Nacional dos Editores de Livros, RJ.

C967r Crystal, David, 1941-
A revolução da linguagem / David Crystal; tradução, Ricardo Quintana; consultoria, Yonne Leite. – Rio de Janeiro: Jorge Zahar Ed., 2005

Tradução de: The language revolution
Inclui bibliografia
ISBN 85-7110-896-X

1. Linguagem e línguas. 2. Língua inglesa – Século XXI. 3. Linguagem – Obsolescência. 4. Internet. I. Título.

05-3797 CDD 410
CDU 81

SUMÁRIO

OS DESAFIOS DO SÉCULO XXI

Yonne Leite

Universidade Federal do Rio de Janeiro

O século XX assistiu, no âmbito das teorias, modelos e concepções de língua e linguagem, a várias mudanças paradigmáticas: o declínio da lingüística histórico-comparativa, que teve seu ápice no século XIX; a ascensão e queda do estruturalismo; e o renascimento de uma teoria de base cartesiana, a teoria gerativa de Noam Chomsky. A gramática tradicional, também chamada de normativa, herdada dos gregos, que nos chegou através de gramáticos latinos, considerava a língua um produto do pensamento lógico: escrever ou falar bem significava pensar bem. Foi no século XIX que a lingüística alcançou, por sua metodologia, o estatuto de ciência autônoma, ao passar a focalizar *as línguas* e não apenas *uma língua*, considerando-as um produto histórico. O foco de investigação era, pois, a mudança diacrônica, explicando-se o presente pelo passado.

As "revoluções" lingüísticas no século XX causaram mudanças significativas no escopo e objeto da ciência da linguagem. Se, para a lingüística do século XIX, a língua é um produto histórico, sendo a tarefa da lingüística recuperar seu passado, para o modelo estruturalista a linguagem é um sistema sincrônico e um produto social adquirido. Para os gerativistas, porém, o objetivo da ciência da linguagem é caracterizar a *faculdade da linguagem*, vista como um produto biológico e mental, inato e universal, um sexto sentido, como a audição, o olfato, o paladar, a visão e o tato.

Ao findar o século, várias teorias co-ocorrem: a gramática gerativa em seu modelo minimalista, a gramática funcional, a gramática do uso, a sociolingüística, a psicolingüística. Há, assim, diversos modelos fonológicos, morfológicos e sintáticos, e ganham força a análise do discurso e a pragmática. Coexistem, pois, várias maneiras de se tratar o fenômeno da linguagem, e volta à cena o tema da origem da linguagem que fora proibido, em 1866, pela Société de Linguistique de Paris. O leque de opções é enorme no meio acadêmico.

Assim, no decorrer dos séculos, tentou-se reconstruir o passado das línguas, entender o seu funcionamento, determinar em que a linguagem humana se diferencia da animal. Presenciou-se a redescoberta das línguas minoritárias, grande parte em vias de extinção, a que cumpre proteger e tentar reviver, como se tenta salvar, reproduzir e proteger as várias espécies da fauna e da flora. O mundo se globaliza e, simultaneamente, encolhe, com novas formas e tecnologias de comunicação. O inglês, à semelhança do latim na Idade Média, assume o papel de língua global ou língua franca, a língua da ciência, da tecnologia, da diplomacia, do turismo, que cumpre saber usar para maior sucesso na vida profissional. Ao mesmo tempo em que o inglês se torna uma língua universal, pleiteia-se uma política de salvamento da diversidade lingüística. E surge também um novo tipo de comunicação via Internet que não é nem a linguagem escrita, nem a linguagem falada, e que subleva as regras do mundo da escrita, usando abreviaturas de palavras e vários recursos gráficos para tornar vivo e falado o que está escrito na tela do computador.

É dessa revolução da linguagem e das línguas, em que interagem forças sociais e lingüísticas centrípetas e centrífugas, que nos fala David Crystal — autor da monumental *The Cambridge Encyclopedia of Language*, do *Dicionário de lingüística e fonética* e de *O que é Lingüística*. E é esse cabedal de conhecimento, somado à sua prática construída em seu cotidiano de professor, que usa para explicitar esse *status quo* e caracterizar o desafio que o século XXI terá de enfrentar e buscar solucionar. O que ele focaliza não são as teorias, nem as metodologias, mas sim os usuários das línguas que se vêem ameaçadas de extinção, as línguas minoritárias, o professor que tem de ensinar a língua materna a seus alunos e o professor de inglês, idioma que, em seu processo de expansão, assumiu várias roupagens. Não se tem hoje uma língua inglesa (*English*), mas variedades do inglês, *Englishes*, como usa o autor. Basta citar os exemplos do inglês britânico, do inglês americano, do canadense, do australiano, em que o inglês é falado como primeira língua, e os do continente africano, como Gana, Nigéria, Zâmbia, Zimbábue, em que o inglês é a língua oficial. A situação é a mesma com o português em suas diversas variantes africanas, além do português do Brasil e do português europeu.

No Brasil o dilema que se defrontam os professores de português diante da variedade dialetal existente é qual a norma a ensinar: a local ou uma abstrata e homogeneizadora? Que critérios usar para se estabelecer essa norma geral? E mais, como ensinar uma variedade que difere da que o professor conhece e usa e que não tem explícitos os critérios de sua escolha? Crystal propõe uma variada agenda de temas a serem discutidos e de iniciativas a serem implementadas. Destacam-se aqui, entre outros, as ações para a preservação das línguas ameaçadas de extinção e das línguas minoritárias, mesmo não ameaçadas; o estudo do "sotaque" das variantes dialetais e valorização de todas as variedades de estilo, falado ou escrito, formal ou informal, regional ou social, familiar ou profissional. Sugere também o estudo conjunto da língua e da literatura, em geral feito separadamente, e aconselha cultivar o multilingüismo, tanto na prática quanto no modo de pensar, pois o falar várias línguas proporcionará a grande aventura de conhecer o outro e de fazer amigos, além de oferecer maiores oportunidades no mercado de trabalho.

Assim o desafio do século XXI consiste, para os lingüistas, não só em prosseguir na procura de um maior entendimento da linguagem humana, mas também em assumir, cada vez mais, sua responsabilidade social para garantir os direitos lingüísticos das populações minoritárias, a salvaguarda das línguas ameaçadas de extinção, das variantes dialetais muitas vezes discriminadas, de todas as modalidades de fala e de escrita. Afinal, como nos diz Leibniz, "as línguas são o melhor espelho do espírito humano".

PREFÁCIO

Esta obra é uma tentativa de enxergar um pouco mais além, baseada em três de meus livros publicados entre 1997 e 2001: *English as a Global Language*, *Language Death* e *Language and the Internet.* Os tópicos se desdobraram em uma trilogia, mas foi somente depois de o terceiro livro estar pronto que a complementaridade dos temas se tornou clara para mim. O presente trabalho enfatiza esse inter-relacionamento e proporciona uma visão do significado contemporâneo das tendências lingüísticas discutidas pelos livros precedentes.

Em conseqüência disso, defrontei-me com um problema literário, e espero que minha solução seja aceitável. Como a série "Temas para o Século XXI"* visa ao grande público, parti da suposição de que os leitores não estão familiarizados com os livros anteriores. Os três primeiros capítulos, por-

* Série da editora inglesa na qual o livro foi publicado. (N.E.)

tanto, incorporam resumos dos três trabalhos. Isto vai causar uma forte sensação de *déja vu* entre os que já os leram — principalmente lingüistas e profissionais da língua, imagino —, pelo que peço desculpas. O presente livro, porém, não foi escrito para esses leitores em especial.

A série prefere também manter referências e notas em um nível mínimo e, dessa forma, minhas poucas notas aparecem aqui principalmente para fornecer a fonte de citações ocasionais. A desvantagem deste procedimento é que, se os leitores quiserem investigar a base de minhas observações em maiores detalhes, terão de buscar os livros anteriores, que contêm algumas centenas de notas de rodapé e referências bibliográficas — embora no caso de *English as a Global Language* elas apareçam somente na segunda edição, publicada em 2003.

DAVID CRYSTAL
Holyhead, setembro de 2003

Introdução: Um novo mundo lingüístico

O ano 2000 marcou o fim de uma década de revolução lingüística. O novo século tem de lidar com suas conseqüências.

Na época, poucas pessoas notaram. Mas mudanças lingüísticas são assim — acontecem vagarosa e sutilmente, imprevisíveis em seus resultados, e reconhecidas apenas após algum tempo. A maioria de nós não pensa muito sobre a língua e não está acostumada a tê-la como foco de atenção. E como revoluções que afetam a língua não ocorrem com freqüência na história humana, não fica muito claro como se precaver quando acontece uma. Mesmo os que trabalham com línguas — os profissionais da linguagem — esperaram até o final da década passada para chamar a atenção do público para a natureza sem precedentes dos vários acontecimentos que estavam observando. E não temos ainda relatos completos do que ocorreu — este livro é uma primeira tentativa. Mas quando nos distanciamos e refletimos sobre as mudanças lingüísticas dramáticas que aconteceram durante a década de 1990, é incontestável o fato de que estamos vivenciando o início de uma nova era lingüística.

Você poderia supor que alguma coisa estava por acontecer se reparasse que 2001 foi designado o Ano Europeu das Línguas. Essa foi a primeira vez que um ano inteiro foi dedicado à língua, e embora estivesse sendo celebrado apenas na Europa, o evento era ambicioso em suas metas. Afinal, ele não foi chamado de Ano das Línguas Européias — no sentido de "línguas nativas da Europa". *Todas* as línguas faladas na Europa foram incluídas em sua alçada — e isso significou dezenas de línguas africanas e asiáticas usadas por minorias em todo o continente. Foi um ano que pôs em evidência a importância da língua como expressão de identidade cultural, como meio de entendimento internacional e nacional, e como forma de possibilitar que indivíduos e países abrissem portas para um mundo cultural e comercialmente mais amplo. Poderia com a mesma facilidade ter sido chamado de Ano Europeu da Linguagem. O acrônimo seria o mesmo: AEL.

Muitos eventos aconteceram em vários países durante aquele ano, e um dos resultados foi o estabelecimento do dia 26 de setembro como o Dia Mundial da Língua, a fim de manter a atenção do público direcionada para a importância do plurilingüismo — ou, se preferir, multilingüismo — e do aprendizado de línguas estrangeiras. Foi a segunda decisão desse tipo. Em 1999, a Unesco já tinha decretado 21 de fevereiro como o Dia Internacional da Língua Materna — uma data que lembrava a morte de cinco estudantes, em 1952, que defendiam o reconhecimento do bangla como língua nacional do antigo Paquistão (hoje Bangladesh). Nesse caso o objetivo também foi proteger e promover a diversidade lingüística e a educação multilíngüe. Dois "dias" dedicados à língua em três anos! As línguas nunca haviam recebido tanta notoriedade antes. Terá sido coincidência que esses desdobramentos ganhassem tanta força durante meados dos anos 90? Se uma revolução lingüística estava mesmo acontecendo, então a resposta provavelmente é não.

Esse é precisamente o tipo de resultado prático que se espera ver quando as pessoas estão motivadas e entusiasmadas por um sentimento crescente de energias lingüísticas renovadas.

Não creio que "revolução" seja uma palavra muito forte para o que vem acontecendo. "Revolução" é qualquer combinação de acontecimentos que produza mudanças radicais de consciência ou comportamento em um período de tempo relativamente curto, e foi isso o que ocorreu. Há sempre continuidades com o passado, mas estas são compensadas pelo surgimento de uma perspectiva genuinamente nova. No contexto de uma língua individual, as revoluções são raras. Na história do inglês, por exemplo, podemos identificar duas apenas, desde a chegada da língua à Grã-Bretanha no século V. Primeiro, no início da Idade Média, houve uma combinação de desdobramentos lingüísticos com fatores sociopolíticos que, por volta do século XI, transformou o Old English em Middle English, com uma gramática muito diferente e uma mistura de elementos românicos que afetou profundamente a ortografia e o vocabulário — uma revolução que nos levou, na verdade, de *Beowulf* a Chaucer. Depois houve o período, no século XV, que nos levou de Chaucer a Shakespeare, resultando em um primeiro inglês moderno que era muito diferente do Middle English anterior — na gramática, nos sons e na ortografia — e que se caracterizava especialmente pelo efeito padronizador da imprensa e pelo impacto cumulativo do Renascimento, com seu vasto influxo de vocabulário clássico. Desde Shakespeare, a língua tem se desenvolvido com constância, mas seu caráter não foi radicalmente alterado — como evidencia o fato de que podemos assistir a uma peça de Shakespeare e entender a maior parte do que ouvimos. Não há dúvida de que se trata da "mesma" língua — uma sensação que não experimentamos com tanta facilidade quando nos deparamos com Chaucer, e que de modo algum temos ao tentarmos ler *Beowulf*.

Muitas outras línguas exibiram seus períodos de mudança revolucionária, mas eles ocorreram em épocas distintas e por razões diferentes. Guerras, alianças e revoluções políticas que causam mudanças sociais (e, portanto, lingüísticas) em grande escala não seguem um padrão comum ou previsível. A Revolução Francesa teve conseqüências importantes tanto para o francês quanto para as línguas minoritárias da França, mas pouco impacto lingüístico em outros lugares. A Revolução Russa, da mesma forma, levou a políticas que afetaram seriamente a preservação de línguas regionais e minoritárias da União Soviética; mais uma vez, com impacto insignificante no exterior. Não é comum encontrar mudanças que sejam tão amplas em suas implicações a ponto de afetar grupos lingüísticos, e é extremamente raro ver mudanças tão globais que afetem todas as línguas. Na verdade, para ilustrar essa última questão temos de mudar o padrão de exemplos e aludir à chegada de novos veículos — tais como a escrita, a imprensa, a telefonia e as transmissões de rádio e televisão — cuja influência sobre o caráter das línguas tem sido universal. A Internet é o último desses meios, e seu impacto na língua — como veremos no Capítulo 3 — tem sido o mais revolucionário de todos. Esse é um caso onde há tão pouca continuidade com o padrão comunicativo anterior que o termo "revolução" cabe especialmente bem — e, de fato, corre o perigo de ser banalizado.

O que torna a segunda metade do século XX — e a década de 1990 em particular — um período altamente significativo na história da língua é que podemos observar o encontro de três tendências principais, cada uma delas global em suas implicações, e que juntas vêm alterando fundamentalmente a ecologia lingüística do mundo. É o impacto combinado dessas tendências, afetando todas as línguas de um modo sem precedentes, que autoriza meu uso da palavra "revolucionário". Escrevi em separado sobre cada uma delas, mas esta é a primeira tentativa de juntá-las em um único enquadramento de referência, e de explorar suas conseqüências para o futuro das línguas em particular e da linguagem em geral. Em *English as a Global Language* (1997), discuti as razões do surgimento do inglês como primeira língua verdadeiramente global no mundo, e o efeito dramático que essa nova situação está provocando no próprio inglês. O futuro desse idioma não está definido como se poderia supor — um argumento que examino no Capítulo 1. *Language Death* (2000) apresentou a crise com que se defronta um grande número de línguas que estão atualmente ameaçadas ou morrendo, e registrou as novas iniciativas que estão sendo tomadas para a sua preservação e regeneração. Aqui nos vemos face à provável perda, neste século, de pelo menos metade das línguas do mundo, o que levanta questões que serão abordadas no Capítulo 2. E em *Language and the Internet* (2001), examinei o efeito radical sobre a língua da chegada da tecnologia da Internet, que acrescentou à língua falada e escrita um veículo de comunicação lingüisticamente novo, e levantou novas questões sobre a forma como a língua continuará a se desenvolver. Esses tópicos serão examinados no Capítulo 3.

Essas três questões são em geral discutidas em separado, como ilustram esses livros, com pontos de interconexão indicados apenas casualmente. Quando as examinamos juntas e enfocamos seus inter-relacionamentos, encontramos a visão de um futuro lingüístico radicalmente diferente do que existiu no passado. É um futuro no qual precisaremos revisar muitos conceitos criados, relacionados ao modo de pensar e trabalhar com as línguas. Alguns indicadores da natureza dessa discussão estão reunidos nos Capítulos 4 e 5. A preocupação parece ser geral, e vai bem além da responsabilidade de lingüistas, professores de línguas e outros profissionais engajados no "negócio" da língua, envolvendo setores da sociedade que tradicionalmente não têm muita ligação com questões lingüísticas. Mas esta é a natureza das revoluções. Elas afetam a todos.

1. O FUTURO DOS "INGLESES"

O surgimento do inglês como verdadeira língua mundial foi a primeira das três tendências que obtiveram destaque especial durante a década de 1990. A palavra "verdadeira" é de importância crucial. A possibilidade de que o inglês pudesse desempenhar um papel global tinha sido reconhecida desde o século XVIII. Em 1780, o futuro presidente dos Estados Unidos John Adams disse: "O inglês está destinado a ser, no próximo século e nos seguintes, uma língua mundial em sentido mais amplo do que o latim foi na era passada ou o francês é na presente."[1] Mas foram necessários quase 200 anos para ficar provado que ele estava certo. Até relativamente pouco tempo, a perspectiva de o inglês se tornar uma língua global era incerta. Foi apenas na década de 1990 que a questão veio realmente à tona, com pesquisas, livros e conferências tentando explicar como uma língua pode se tornar verdadeiramente global, que conseqüências isso acarreta, e por que o inglês veio a ser a primeira língua candidata.[2] Mas a fim de especular sobre o futuro do inglês — ou, como explicarei abaixo, dos "ingleses" — devemos primeiro entender onde nos encontramos agora e como a situação atual surgiu.

O presente

Uma caracterização para começar; depois algumas estatísticas. Uma língua não obtém um status genuinamente global até desempenhar um papel importante que seja reconhecido em todos os países. Esse papel será mais óbvio em países onde um grande número de pessoas a fala como primeira língua — no caso do inglês, isto significa os Estados Unidos, o Canadá, a Grã-Bretanha, a Irlanda, a Austrália, a Nova Zelândia, a África do Sul, alguns países do Caribe e uma variedade de outros territórios. Entretanto, nenhuma língua foi jamais falada como língua materna pela maioria da população em mais de uma dúzia de países, de modo que o uso como língua materna em si não pode dar status global a uma língua. Para obter semelhante status, ela tem de ser usada por vários países no mundo. Estes devem decidir dar a ela um lugar especial dentro de suas comunidades, mesmo que tenham poucos (ou nenhum) falantes nativos.

Há dois modos principais de se fazer isso. Primeiro, a língua pode se tornar oficial (ou semi-oficial) e ser usada como meio de comunicação em áreas como governo, tribunais de justiça, mídia e sistema educacional. Para se ter sucesso nessas sociedades, é essencial dominar a língua oficial o mais cedo possível na vida. Esse papel é bem ilustrado pelo inglês, que, como resultado da história britânica ou americana, tem algum tipo de status administrativo especial em mais de 70 países — como Gana, Nigéria, Índia, Cingapura e Vanuatu. Isso é muito mais do que o status obtido por qualquer outra língua (o francês sendo a mais próxima). Segundo, uma língua pode se tornar prioridade no ensino de língua estrangeira em um país. Ela se torna o idioma que as crianças têm mais possibilidade de aprender quando chegam à escola, e o mais disponível para os adultos que — por qualquer razão — nunca o aprenderam, ou o aprenderam mal, em seus primeiros anos de estudo. Mais de 100 países tratam o inglês como esse tipo de língua estrangeira; e na maioria desses países ele é reconhecido como principal língua estrangeira a ser ensinada nas escolas.

Por causa desse desdobramento tríplice — de falantes como primeira língua, segunda língua e língua estrangeira —, é inevitável que uma língua do mundo acabe sendo usada por mais pessoas do que outra qualquer. O inglês alcançou agora esse status. Cerca de 400 milhões o aprenderam como primeira língua — embora as estimativas variem muito, porque poucos países mantêm estatísticas sobre número de falantes. É difícil avaliar o número daqueles que aprenderam o inglês como segunda língua, pois os níveis de fluência adquiridos devem ser levados em conta. Se tomarmos um nível básico de habilidade para conversação como critério — o suficiente para se fazer compreender, embora de forma alguma livre de erros, e com pouco domínio de vocabulário especializado —, o número também gira em torno dos 400 milhões de falantes. O significado desses dois números não deve ser desconsiderado: o número de pessoas que usa o inglês como segunda língua é idêntico ao que o tem como língua materna. E como o crescimento populacional nas áreas onde o inglês é considerado como segunda língua é cerca de três vezes maior do que nas áreas onde é tido como primeira, os falantes de inglês como segunda língua irão em breve exceder em número os falantes nativos — uma situação sem precedentes para uma língua internacional. E quando a quantidade de pessoas que fala inglês como língua estrangeira é levada em conta, o contraste se torna ainda mais dramático. Aqui também as estimativas são incertas — ninguém sabe, por exemplo, quantas pessoas estão aprendendo inglês na China —, mas o Conselho Britânico calcula que mais ou menos um bilhão de pessoas estão aprendendo inglês no mundo todo ao mesmo tempo. Excluindo-se os iniciantes, seria justo tomar dois terços do total como estimativa do número de estudantes estrangeiros com quem seria possível manter uma conversa razoável em inglês — digamos 600 milhões.

Se, então, somarmos os três totais — os cerca de 400 milhões que usam o inglês como primeira língua, mais os também cerca de 400 milhões que o usam como segunda língua, e os cerca de 600 milhões que o empregam como língua estrangeira —, teremos por fim um total absoluto de um bilhão e 400 milhões. Isso em números arredondados significa um quarto da população mundial (mais de seis bilhões em 2000). Nenhuma outra língua é usada em tão larga escala — seja numericamente ou com semelhante alcance geográfico. Até o chinês, encontrado em oito diferentes línguas faladas, mas unificado por um sistema comum de escrita, é usado por "apenas" um bilhão e 100 milhões de pessoas, e a maior parte delas é de falantes nativos em uns poucos territórios. É claro que não devemos superestimar a situação. Se uma em cada quatro pessoas da população mundial fala inglês, três em cada quatro não o fazem. Não precisamos viajar muito no interior de um país — distante dos centros turísticos, aeroportos, hotéis, restaurantes — para encontrar essa realidade. Mesmo assim, um em cada quatro é um número impressionante e sem precedentes. E devemos perguntar: por quê? Não é tanto o total, mas a velocidade com que essa expansão ocorreu, de forma tão ampla desde a década de 1950. O que explica isso?

Um fator óbvio, naturalmente, é a necessidade de uma língua comum, ou *língua franca* — um conceito tão antigo quanto o da própria língua. Mas a perspectiva de que uma língua franca fosse necessária para o mundo todo é algo que emergiu com força apenas no século XX, e desde os anos 50 em particular. O principal foro internacional para comunicação política — as Nações Unidas — data apenas de 1945, e possuía então somente 51 Estados membros. Em 1960, esse número havia subido para mais de 80. Mas os movimentos de independência que começaram naquela época levaram a um grande aumento do número de novas nações durante a década seguinte, e esse processo continuou constantemente até a década de 1990. Em 2003, havia 191 membros na ONU — quase quatro vezes mais do que existia há 50 anos. A necessidade de uma língua franca é óbvia, e a pressão para se encontrá-la é uma conseqüência, a alternativa sendo mecanismos complexos de tradução, caros e freqüentemente impraticáveis.

O passado

Mas por que o inglês? Não há nada de intrinsecamente maravilhoso na língua inglesa que a fizesse se espalhar dessa forma. A pronúncia não é mais simples do que a de muitas outras línguas, a gramática também não — o que lhe falta na morfologia (em casos e gêneros) é certamente compensado na sintaxe (no padrão de ordem das palavras) — e a ortografia não é fácil. Uma língua se torna mundial por uma razão apenas — o poder das pessoas que a falam. Mas poder representa coisas diferentes: pode significar poder político (militar), tecnológico, econômico e cultural. Cada um deles influenciou o crescimento do inglês em épocas diferentes. O poder político emergiu sob forma do colonialismo, que levou o inglês pelo mundo desde o século XVI, de modo que no século XIX a língua era uma "sobre a qual o sol nunca se põe". O poder tecnológico está associado à Revolução Industrial dos séculos XVIII e XIX, quando mais da metade dos cientistas e inventores que fizeram aquela revolução trabalhava usando o inglês, e as pessoas que viajavam para a Grã-Bretanha (e para os EUA mais tarde) a fim de aprender as novas tecnologias tinham inevitavelmente de fazê-lo em inglês. O século XIX viu o crescimento do poder econômico dos Estados Unidos, ultrapassando com rapidez a Grã-Bretanha, com o crescimento espantoso de sua população acrescentando muito ao número de falantes de inglês no mundo. A questão foi reconhecida por Bismarck já em 1898: perguntado por um jornalista o que ele considerava ser o fator decisivo da história moderna, conta-se que respondeu: "O fato de os norte-americanos falarem inglês."[3] E no século XX vimos o quarto tipo de poder, o poder cultural, manifestando-se em quase todas as instâncias da vida, através de esferas de influência principalmente norte-americanas.

Como resultado dessas diferentes manifestações de poder, é possível identificar dez domínios nos quais o inglês se tornou preeminente.

Política

A maioria dos comentaristas pré-século XX não encontraria dificuldades para dar uma única resposta política à pergunta "Por que o inglês mundial?". Eles teriam simplesmente apontado o crescimento do Império Britânico. Esse legado adentrou o século passado. A Liga das Nações foi a primeira das muitas alianças internacionais modernas a alocar um lugar especial para o inglês nos seus procedimentos: ele era uma das suas duas línguas oficiais (a outra foi o francês), e todos os documentos eram impressos em ambas. Já mencionei a ONU, que a substituiu. Mas o inglês agora desempenha um papel oficial ou de língua de trabalho nos procedimentos da maioria das outras assembléias políticas internacionais. A escala em que o inglês é usado dessa forma não é muitas vezes avaliada. De acordo com edições recentes do *Union of International Associations' Yearbook*, existem cerca de 12.500 organizações internacionais no mundo. Uma amostragem demonstrou que 85% fazem uso oficial do inglês — muito mais do que qualquer outra língua. O francês foi a única outra a aparecer com força, com 49% usando-o oficialmente.

A política internacional opera em vários níveis e de muitas formas diferentes, mas a presença do inglês nunca está longe. Um protesto político pode aparecer sob forma de uma pergunta oficial a um ministro de governo, de uma manifestação de paz em frente a uma embaixada, de um conflito de rua ou de uma bomba. Quando as câmeras de televisão mostram o acontecimento para uma audiência mundial, é notável a freqüência com que mensagens em inglês podem ser vistas em faixas ou cartazes como parte do evento. Qualquer que seja a língua materna dos manifestantes, eles sabem que sua causa ganhará maior impacto se for expressa por meio do inglês. Um exemplo famoso ocorreu há alguns anos na Índia, onde uma manifestação de apoio ao hindi e de oposição ao inglês foi vista na televisão em nível mundial: a maioria das faixas estava em hindi, mas um manifestante astuto carregava um cartaz bastante visível, que permitiu à voz de seu grupo alcançar muito mais o mundo do que teria sido possível de outra forma. No cartaz, em inglês, estava escrito: "Morte ao inglês."

Economia

No início do século XIX, a Grã-Bretanha havia se tornado a principal nação industrial e comercial do mundo. Sua população de cinco milhões em 1700 mais do que dobrou em 1800, e durante aquele século nenhum país conseguiu igualar seu crescimento econômico, com um produto nacional bruto elevando-se, em média, a 2% ao ano. Em 1800, as principais áreas de crescimento, os têxteis e a mineração, estavam produzindo uma tal quantidade de bens manufaturados para exportação que levaram a Grã-Bretanha a se tornar conhecida como "a oficina do mundo". A tecnologia a vapor revolucionou a impressão, gerando uma massa sem precedentes de publicações em inglês. O início do século XIX viu o rápido crescimento do sistema bancário internacional, especialmente na Alemanha, na Grã-Bretanha e nos Estados Unidos, com Londres e Nova York se tornando as capitais dos investimentos no mundo. Em 1914, a Grã-Bretanha e os Estados Unidos estavam investindo, juntos, mais de 10 bilhões no exterior — três vezes mais que a França e quase quatro vezes mais que a Alemanha. O "imperialismo econômico" resultante trouxe uma nova dimensão ao equilíbrio do poder lingüístico. "O dinheiro fala" era a metáfora principal — e a língua em que ele mais falava era o inglês.

A imprensa

A língua inglesa tem sido um veículo importante na imprensa por quase 400 anos. O século XIX foi o período de maior progresso, graças à introdução de novas tecnologias de impressão e novos métodos de produção e transporte em massa. Ele assistiu também ao desenvolvimento de uma imprensa verdadeiramente livre, incentivada em especial nos Estados Unidos, onde havia cerca de 400 jornais diários por volta de 1850, e quase dois mil na virada do século. Entretanto, a censura e outras restrições permaneceram na Europa continental durante as primeiras décadas, o que significou um desenvolvimento muito mais vagaroso no fornecimento de notícias populares em outras línguas que não o inglês. Hoje, cerca de um terço dos jornais do mundo é publicado em países onde o inglês tem status especial, e a maioria deles é em inglês.

O destaque conferido ao inglês na imprensa popular foi reforçado pelo modo como as técnicas de coletar notícias se desenvolveram. Em meados do século XIX houve o crescimento das principais agências de notícias, especialmente após a invenção do telégrafo. Paul Julius Reuter abriu um escritório em Aachen, mas logo se mudou para Londres, onde em 1851 lançou a agência que leva agora seu nome. Por volta de 1870, Reuters tinha adquirido mais monopólios sobre notícias de Estado do que qualquer de seus concorrentes europeus. Com o surgimento, em 1856, da New York Associated Press, a maior parte da informação transmitida ao longo dos fios de telégrafo no mundo era em inglês.

Propaganda

No fim do século XIX, uma combinação de fatores sociais e econômicos levou a um crescimento dramático do uso de anúncios em publicações, especialmente nos países mais industrializados. A produção em massa havia aumentado o fluxo de bens de consumo e estava incentivando a competição; o poder de compra do consumidor crescia; e novas técnicas de impressão forneciam possibilidades até então desconhecidas de exposição. Nos Estados Unidos, os editores perceberam que a renda dos anúncios permitiria a eles reduzir o preço de venda de suas revistas, e assim aumentar em muito a circulação. Dois terços de um jornal moderno, especialmente nos EUA, podem ser dedicados a propagandas. Durante o século XIX, o bordão da propaganda se tornou uma característica do veículo, assim como a famosa "marca comercial". "O anúncio se paga" se tornou uma frase feita americana na década de 1920. Muitos produtos que são agora familiares receberam um impulso especial naquela década, como os produzidos pela Ford, Coca-Cola, Kodak e Kellogg. Os meios de comunicação capitalizaram em cima da rapidez com que um produto podia ser levado ao público — mesmo se as pessoas estivessem passando rapidamente em algum dos novos meios de transporte. Cartazes, placas, aparatos elétricos, tabuletas de lojas e outras técnicas se tornaram parte da cena diária. Assim como os mercados internacionais cresceram, as "propagandas de rua" começaram a se espalhar pelo mundo, e seu destaque em virtualmente todas as cidades, pequenas e grandes, é agora uma das manifestações globais mais notáveis de uso da língua inglesa. Os anúncios em inglês nem sempre são muito numerosos em países onde a língua não possui status especial, mas são em geral os mais visíveis. O inglês norte-americano dominava: por volta de 1972, apenas três das 30 agências de propaganda mais importantes do mundo não eram norte-americanas.

Radiodifusão

Foram necessárias muitas décadas de pesquisa experimental em física, principalmente na Grã-Bretanha e nos EUA, antes que fosse possível enviar os primeiros sinais de rádio pelo ar, sem fios. O sistema de Marconi, construído em 1895, levava sinais de código telegráfico pela distância de uma milha. Seis anos depois, seus sinais já tinham atravessado o oceano Atlântico; por volta de 1918, haviam chegado à Austrália. O inglês foi a primeira língua a ser transmitida por rádio. Em 25 anos, a partir da primeira transmissão de Marconi, a radiodifusão pública se tornou uma realidade. A primeira estação de rádio comercial, em Pittsburgh, Pensilvânia, transmitiu seu primeiro programa em novembro de 1920, e mais de 500 estações de transmissão foram licenciadas nos Estados Unidos nos dois anos seguintes. Uma expansão significativa semelhante afetou a televisão aberta 20 anos mais tarde. Podemos apenas especular sobre como esse desenvolvimento dos meios de comunicação deve ter influenciado o crescimento do inglês no mundo. Não há estatísticas sobre a proporção de tempo dedicada a programas em língua inglesa no mundo todo, ou sobre quanto tempo é gasto se ouvindo esses programas. Mas se olharmos para as transmissões direcionadas especificamente a audiências de outros países (como as da BBC World Service ou da Voz da América), observaremos seus níveis expressivos — mais de mil horas por semana no caso do programa britânico e duas vezes mais no do americano. A maioria dos outros países mostrou um aumento acentuado nas transmissões externas durante os anos do pós-guerra, e alguns lançaram programas de rádio em inglês, como União Soviética, Itália, Japão, Luxemburgo, Holanda, Suécia e Alemanha. Não há dados comparativos disponíveis sobre quantas pessoas ouvem cada uma das línguas fornecidas por esses serviços. Contudo, se listarmos as línguas em que esses países transmitem, é notável que apenas uma dessas línguas se encontre em todas as listas: o inglês.

Cinema

As novas tecnologias que se seguiram à descoberta da energia elétrica alteraram fundamentalmente a natureza do entretenimento doméstico e público, e deram novas direções para o desenvolvimento da língua inglesa. A tecnologia dessa indústria possui muitas raízes na Europa e nos EUA durante o século XIX, com Inglaterra e França dando um ímpeto inicial para o desenvolvimento artístico e comercial do cinema desde 1895. Entretanto, durante a Primeira Guerra Mundial e nos anos que a precederam, o crescimento da indústria cinematográfica européia estancou, e o domínio passou logo para os EUA, que assistiu, a partir de 1915, ao surgimento do filme, do sistema de estrelato, do magnata de cinema e dos grandes estúdios, tudo baseado em Hollywood. Em conseqüência, quando se acrescentou som à tecnologia, no final da década de 1920, foi a língua inglesa que veio de súbito a dominar o mundo do cinema. E apesar do crescimento da indústria cinematográfica em outros países décadas depois, os filmes em língua inglesa ainda dominam o veículo, com Hollywood vindo a contar cada vez mais com produções anuais voltadas para grandes audiências. Não é comum encontrar um filme de grande sucesso produzido em outra língua que não seja o inglês, e cerca de 80% de todos os filmes lançados em cinema são falados em inglês. A influência deles sobre o público que os assiste é incerta, mas muitos observadores concordam com a opinião do diretor Wim Wenders: "As pessoas acreditam cada vez mais no que vêem e compram aquilo em que acreditam ... Elas usam, dirigem, vestem, comem e compram o que vêem nos filmes[4]." Se é assim, então o fato de a maior parte dos filmes ser falada na língua inglesa deve certamente ser significativo, pelo menos a longo prazo.

Música popular

O cinema foi uma das duas novas tecnologias de entretenimento que emergiram no final do século XIX; a outra foi a indústria do disco. Aqui também a língua inglesa esteve logo em evidência. Quando, em 1877, Thomas A. Edison criou o fonógrafo, a primeira máquina que podia tanto gravar quanto reproduzir o som, as primeiras palavras a serem gravadas foram "o que Deus lavrou", seguido pela recitação de uma história infantil, "Mary had a little lamb". A maioria dos desenvolvimentos técnicos subseqüentes ocorreu nos Estados Unidos. Todas as companhias de disco importantes na música popular tinham origem na língua inglesa, começando com a firma americana Columbia (de 1898). Os aparelhos de rádio espalhados pelo mundo comprovam a toda hora o domínio do inglês no cenário da música popular hoje. Muitas pessoas têm seu primeiro contato com o inglês dessa forma. Na virada do século, Tin Pan Alley (o nome popular da indústria de edição de músicas localizada na Broadway) era uma realidade, e ficou logo conhecida mundialmente como fonte principal da música popular americana. O jazz também teve sua dimensão lingüística com o desenvolvimento do blues e de muitos outros gêneros. E quando a música popular moderna chegou, ela era quase que inteiramente um cenário inglês. As estrelas pop das duas principais nações falantes do inglês dominariam logo o mundo fonográfico: Bill Haley e Seus Cometas e Elvis Presley nos Estados Unidos; os Beatles e os Rolling Stones no Reino Unido. Grandes públicos para cantores pop se tornaram coisa rotineira no cenário mundial a partir da década de 1960. Nenhuma outra fonte, sozinha, espalhou a língua inglesa pela juventude mundial de maneira tão rápida e universal.

Viagens internacionais e segurança

As razões de se viajar para o exterior são muitas e variadas. Cada viagem tem conseqüências lingüísticas imediatas — uma língua tem de ser interpretada, aprendida, imposta — e com o passar do tempo uma tendência ditada pelas viagens pode se desdobrar numa influência importante. Se existe um movimento contemporâneo em direção ao uso mundial do inglês, era de se esperar, portanto, que a língua fosse particularmente visível nesse domínio; e é. Para aqueles cujas viagens internacionais os levam a um mundo de pacotes de férias, encontros de negócios, conferências acadêmicas, convenções internacionais, reuniões comunitárias, ocasiões esportivas, ocupações militares e outros encontros "oficiais", as áreas de transporte e acomodação são principalmente mediadas pelo uso do inglês como língua auxiliar. Instruções de segurança em vôos e navegações internacionais, informações sobre procedimentos de emergência em hotéis e indicações de locais importantes são agora rotineiramente em inglês, junto com as línguas locais. A maior parte dos avisos que nos dizem para colocar o cinto de segurança, encontrar os botes salva-vidas ou conferir o local da escada de emergência nos dá uma opção em inglês.

Um aspecto especial da segurança é o modo pelo qual a língua veio a ser usada como meio de controlar operações de transporte internacional, especialmente na água e no ar. O inglês emergiu como a língua internacional do mar, sob forma de Inglês Essencial para Uso Marítimo Internacional – freqüentemente referido como *seaspeak*. Houve progressos recentes também na criação de sistemas inequívocos de comunicação entre organizações envolvidas em lidar com emergências no solo — principalmente o corpo de bombeiros, o serviço de ambulâncias e a polícia. Existe agora o *emergencyspeak*, que tenta resolver problemas de ambigüidade nas duas extremidades do túnel sob o canal da Mancha. E naturalmente há o *airspeak*, a língua do controle internacional de aeronaves. Ela surgiu depois da Segunda Guerra Mundial, quando a Organização Internacional de Aviação Civil foi criada. Somente então ficou decidido que o inglês devia ser a língua internacional da aviação, quando pilotos e controladores falassem línguas diferentes. Mais de 180 nações adotaram desde então suas recomendações sobre a terminologia inglesa – embora se deva observar que não há nada obrigatório em relação a elas.

Educação

O inglês é o veículo de grande parte do conhecimento mundial, especialmente em áreas como ciência e tecnologia. E acesso ao conhecimento é o objetivo da educação. Quando investigamos por que tantas nações recentemente fizeram do inglês língua oficial ou o escolheram como língua estrangeira principal nas escolas, uma das razões mais importantes é sempre a educacional — no sentido mais amplo. Sridath Ramphal, escrevendo em 1996, fornece um exemplo relevante:

> Assim que me tornei secretário-geral da Commonwealth em 1975, encontrei a primeira-ministra Sirimavo Bandaranaike em Colombo e conversamos sobre as formas como o secretariado da Commonwealth poderia ajudar o Sri Lanka. Sua resposta foi imediata e específica: "Envie-nos pessoas para treinar nossos professores a ensinar inglês como língua estrangeira." Meu espanto deve ter transparecido, porque a primeira-ministra continuou, explicando que as políticas postas em prática por seu marido 20 anos antes para promover o singalês como língua oficial tinham sido tão bem-sucedidas que, no processo, o Sri Lanka — por tanto tempo a pérola do mundo falante de inglês na Ásia — havia de fato perdido o inglês, até como segunda língua, com exceção da população com mais educação formal. Sua preocupação era com o desenvolvimento. Os fazendeiros no campo, contou-me ela, não conseguiam ler as instruções nos sacos de fertilizantes importados — e os fabricantes do mercado global provavelmente não as imprimiriam em singalês. O Sri Lanka estava perdendo o acesso ao mundo lingüístico do inglês.[5]

Desde a década de 1960, o inglês se tornou o veículo normal de instrução na educação superior em muitos países — incluindo alguns onde a língua não possui status oficial. Nenhum país africano utiliza sua língua nativa para educação superior; o inglês é usado na maior parte dos casos. O ensino da língua inglesa se tornou uma das indústrias que mais cresceram no mundo nos últimos 30 anos.

Comunicações

Se uma língua é um veículo internacional de verdade, isso vai se tornar mais aparente nos serviços que lidam diretamente com as tarefas de comunicação — os sistemas postal e telefônico e as redes eletrônicas. No entanto, informações sobre o uso do inglês nestes domínios não são fáceis de serem obtidas. Acredita-se que três quartos das mensagens de correio no mundo sejam em inglês. Mas como ninguém monitora a língua em que escrevemos nossas cartas, tais estatísticas são altamente especulativas. Apenas na Internet, onde mensagens e dados podem ser deixados por períodos de tempo indefinidos, é possível se ter uma idéia de como grande parte das comunicações diárias no mundo (pelo menos, para quem tem computador) é realmente em inglês. Essa questão receberá uma discussão em separado no Capítulo 3, mas o ponto relevante pode ser antecipado aqui. A Internet nasceu como veículo de língua inglesa, e o inglês reteve seu império. Ela começou como Arpanet, a rede da Agência de Projetos de Pesquisa Avançada, no final da década de 1960, concebida como uma rede nacional descentralizada. Seu objetivo era ligar importantes instituições acadêmicas e governamentais norte-americanas, de forma que sobrevivessem a danos locais em caso de uma grande guerra. Sua língua era, portanto, o inglês; e quando pessoas em outros países começaram a formar ligações com essa rede, ficou provado ser essencial para elas usarem o inglês. O domínio dessa língua ficou então reforçado; quando o serviço foi aberto na década de 1980 para organizações privadas e comerciais, a maioria delas já estava (pelas razões apresentadas) se comunicando principalmente em inglês. Havia também uma razão técnica reforçando a posição da língua naquela época. Os primeiros protocolos criados para transmitir dados na Net foram desenvolvidos para o alfabeto do inglês, e até hoje nenhum navegador está apto a lidar com todos os aspectos da apresentação de dados multilíngües. Entretanto, o número de usuários de língua não-inglesa na Internet cresce o tempo todo, e excede agora o número de novos usuários falantes de inglês. As conseqüências disso para línguas minoritárias serão exploradas no Capítulo 3.

O futuro

Quando uma língua se torna mundial, o que acontece a ela e às outras em conseqüência disso? Não há precedentes, porque nenhuma língua jamais foi falada por tantas pessoas em tantos países antes. Mas algumas tendências importantes podem já ser vistas, e cada uma delas vai representar um papel significativo na formação de um novo clima lingüístico para o século XXI.

Contudo, antes de se considerar o papel do inglês em maiores detalhes, deveríamos perguntar: o inglês vai continuar na sua posição atual, ou é provável que seu status global seja desafiado por outra língua? A história nos ensina uma coisa: jamais há lugar para complacência em se tratando da posição de uma língua. Mil anos atrás, a situação do latim parecia inatacável. Quem sabe qual será a posição de qualquer língua daqui a mil anos? O status de uma língua, como já vimos, está intimamente ligado ao poder militar, econômico e cultural, e como essas variáveis mudam, as línguas ascendem e decaem. Os futurologistas não encontram dificuldades em prever cenários nos quais, por exemplo, o árabe, o chinês ou o espanhol se tornam a próxima língua mundial. O espanhol é de fato a língua materna que cresce com mais rapidez no mundo atualmente. Mas para o futuro previsível não é provável que outra língua vá substituir o inglês em seu papel global. Os fatores que levaram o inglês à sua posição atual ainda estão muito presentes. O idioma alcançou uma presença e importância que será extremamente difícil de apagar. As pessoas continuam a aprender inglês em números crescentes no mundo todo. Qualquer que seja a atitude em relação às culturas que o utilizam, o valor dessa língua como ferramenta funcional é de grande aceitação. Até os que se opõem a ela se vêem tendo de usá-la mesmo que seja para atingir um público universal, a fim de expressar sua oposição. Não há qualquer sinal verdadeiro de que essa posição se enfraqueça ao longo da primeira década do novo milênio.

O inglês pode estar relativamente estável em seu status mundial, mas por certo não o está em seu caráter lingüístico. Na verdade, a língua está se transformando atualmente com mais rapidez do que em qualquer outra época desde o Renascimento. Alguns fatores estão envolvidos, mas o principal é sem dúvida a mudança do centro de gravidade da língua. Esse é um ponto muitas vezes esquecido, em especial pelos falantes nativos: que uma língua falada por tantas pessoas parou de pertencer a qualquer uma de suas comunidades constituintes — nem aos britânicos, com quem a língua começou 1.500 anos atrás, tampouco aos norte-americanos, que representam agora sua maior comunidade nativa. O número total de falantes nativos de inglês no mundo, cerca de 400 milhões, como visto acima, está atualmente caindo, como referência de usuários de inglês, por causa do diferencial no crescimento da população nos países onde ele é primeira língua e naqueles onde é segunda língua ou língua estrangeira. Três entre cada quatro falantes de inglês não são nativos hoje.

Todos esses usuários têm uma parcela de responsabilidade no futuro do inglês. A língua é uma instituição imensamente democrática. Aprender uma é ter imediatamente direito a ela. É possível se fazer acréscimos, modificações, brincar com ela, criar, ignorar partículas, o que se desejar. E é muito provável que o destino do inglês vá ser influenciado tanto pelos que o utilizam como segunda língua ou língua estrangeira como por aqueles que o falam como língua materna. Os modismos contam, na língua, como em qualquer outro fenômeno; e moda é uma questão de números. É perfeitamente possível que uma moda lingüística seja iniciada por um grupo de estudantes de segunda língua ou de língua estrangeira, ou pelos que falam uma variedade que não é a padrão, que se espalha então entre os falantes nativos; o *rap* é um exemplo recente. E à medida que os números crescem, e falantes de segunda língua/língua estrangeira ganham em prestígio nacional e internacional, usos que eram previamente criticados por serem "estrangeirismos" — como *three person* [três pessoa], *he be running* [ele estar correndo], *many informations* [muita informações] — podem se tornar parte do discurso culto padrão de uma localidade e eventualmente aparecer na escrita. Um exemplo é *Welcome in Egypt* [Bem-vindo no Egito], que veio a ser amplamente usado naquele país e aparece agora nos livros didáticos egípcios de inglês. A maior coisa com que os falantes nativos de inglês vão ter de se acostumar, no século XXI, é a idéia de que não estão mais no controle das tendências da língua. A língua inglesa como falada na Grã-Bretanha hoje é agora um dialeto minoritário do inglês mundial — correspondendo a cerca de 4% da população global falante de inglês. Até os falantes de inglês nos EUA equivalem apenas a cerca de 15% do total mundial. Na Índia provavelmente existem agora mais falantes de inglês do que em toda a Grã-Bretanha e os EUA juntos.

O que acontece quando um grande número de pessoas adota o inglês em um país? Elas desenvolvem um inglês próprio. Existem agora muitas variedades novas de inglês falado se desenvolvendo ao redor do mundo, em países como Índia, Cingapura e Gana. Eles têm sido chamados de "novos ingleses". Por que surgiram? Por causa da necessidade de expressar uma identidade nacional. Imagine a situação de uma das nações recém-independentes nas décadas de 1950 e 1960. Com a independência vem um anseio de manifestar a identidade aos olhos do mundo. E uma das mais importantes formas de manifestar essa identidade é através da língua. Então, que língua usar? Muitos dos novos países, como Gana e Nigéria, descobriram que não tinham alternativa senão continuar usando o inglês — a alternativa seria fazer uma escolha impossível entre as muitas línguas étnicas locais que competem entre si, mais de 400, no caso da Nigéria. Contudo, podemos também avaliar o sentimento amplamente difundido de que continuar com o inglês seria um elo inaceitável com o passado colonial. Assim, como o dilema poderia ser resolvido? A solução foi o país continuar com o inglês, mas moldar a língua a fim de alcançar seus objetivos – em particular, acrescentando vocabulário nativo, concentrando-se em variações culturais locais, e desenvolvendo formas novas de pronúncia. Esse é um processo em grande parte inconsciente, é claro, mas promovido por iniciativas locais como pesquisas em dicionário de línguas regionais. Não é difícil acumular rapidamente alguns milhares de palavras nativas, em países que possuem uma ampla variedade de fauna e flora locais, costumes étnicos diversos e contatos diários regulares com línguas diferentes. A literatura emergente dos países da Commonwealth — os romances da África ocidental, da Índia e do sudeste da Ásia, a poesia dos países do Caribe — ilustra com que rapidez novas identidades podem emergir. O termo "novos ingleses" reflete essas identidades.

Quando uma língua se espalha, ela muda. O simples fato de que partes do mundo diferem tanto umas das outras, física e culturalmente, significa que os falantes têm inúmeras oportunidades de adaptar a língua, para satisfazer suas necessidades de comunicação e adquirir novas identidades. A parte principal da adaptação será no vocabulário — não apenas novas palavras, mas novos significados para as palavras, e novas expressões idiomáticas —, já que essa é a área que reflete com mais proximidade condições de vida e formas de pensar. Existem singularidades biogeográficas em um país que vão criar um grande número de palavras em potencial para animais, peixes, pássaros, plantas, rochas e assim por diante — e para todas as questões relacionadas com o manuseio da terra e interpretação. Vai haver palavras para comidas, bebidas, remédios, drogas e para as práticas associadas ao comer, aos cuidados com a saúde, às doenças e à morte. A mitologia e a religião do país, e as práticas de astronomia e astrologia, farão brotar nomes novos para personalidades, crenças e rituais. A literatura oral e talvez a escrita também darão surgimento a nomes distintos em sagas, poemas, na oratória e nas lendas. Vai surgir um conjunto de leis e costumes locais com terminologia própria. A cultura terá sua tecnologia, que possuirá termos técnicos — para veículos, construção de casas, armas, indumentária, ornamentos e instrumentos musicais. O mundo do lazer e das artes terá uma dimensão lingüística — nomes de danças, estilos musicais, jogos, esportes —, assim como haverá distinções na aparência física — cortes de cabelo, tatuagens, enfeites. Virtualmente, qualquer aspecto da estrutura social pode gerar sistemas complexos de nomes — governo local, relacionamentos familiares, clubes e sociedades, e assim por diante.

Desse modo, quando uma comunidade adota uma língua nova, e começa a usá-la em relação a todas as áreas da vida, vai inevitavelmente haver muita adaptação lexical. O processo leva aproximadamente um ano para começar. O primeiro povoado inglês permanente na América do Norte foi em Jamestown, na Virgínia, fundado em 1607; e palavras emprestadas das línguas norte-americanas nativas foram introduzidas nos escritos contemporâneos quase que de imediato. O capitão John Smith, escrevendo em 1608, descreve um *racoon* (espécie de guaxinim); *totem* é encontrada em 1609; *caribou* (caribu) e *opossum* (espécie de gambá) são mencionados em 1610. Passemos a um exemplo recente de uma edição do *Sunday Times* sul-africano, da década de 1990: "*Indabas* diplomáticas apenas raramente produzem soluções adequadas para os problemas". *Indaba*, palavra da língua nguni, significava originalmente uma conferência tribal, mas foi então ampliada para designar qualquer conferência entre grupos políticos. Há exemplos de palavras sendo tomadas de línguas nativas locais. Além disso, algumas palavras mudam de significado quando vêm a ser aplicadas a novos cenários e adquirem sentidos diferentes. Isso tem acontecido com freqüência na história da língua: por exemplo, no período anglo-saxão os missionários cristãos se apropriaram de palavras pagãs (como *heaven*, *hell*, *God* e *Easter*), e deram a elas significados novos. Hoje vemos isso na forma como uma espécie biológica em um país novo, similar na aparência a uma encontrada em um velho, mantém freqüentemente o nome antigo, mesmo que não seja a mesma entidade — *pheasant* [faisão] na África do Sul é geralmente o nome dado a certas espécies de francolim. Todas as áreas da sociedade são afetadas. *Robot* é o termo sul-africano para sinal de trânsito.

Quantas palavras mudarão dessa forma? Não vai demorar muito para que glossários de palavras e dicionários contenham alguns milhares de verbetes. Há mais de três mil itens registrados na primeira edição de *A Dictionary of South African English* (1978). *The Concise Australian National Dictionary* (1989) possui dez mil verbetes. Existem mais de 15 mil no *Dictionary of Jamaican English* (1967).[6] Os falantes de inglês sempre adotaram uma atitude inclusiva em relação a empréstimos de palavras. O inglês é uma língua-aspirador, sugando prontamente vocábulos de qualquer outra — mais de 350 deles na história do inglês britânico. Por causa disso, embora seja historicamente uma língua germânica, o grosso do vocabulário não o é — sua origem é em grande parte clássica e românica, com empréstimos especialmente importantes do grego, do latim e do francês. E seu caráter lexical diverso está particularmente aumentando em partes do mundo onde há muitas línguas de contato. Na Nigéria, onde mais de 400 línguas-fonte estão disponíveis, a diferença final de léxico do inglês nigeriano é obrigatoriamente considerável.

Os totais são pequenos se comparados com o tamanho do vocabulário inglês como um todo, que está muito acima de um milhão de palavras; mas o efeito de números relativamente pequenos de palavras localizadas pode ser grande. As palavras novas tendem com freqüência a ser usadas dentro da comunidade local, exatamente porque elas dizem respeito a noções distintas ali. Da mesma forma, essas palavras não ocorrem isoladas: se uma conversa é sobre, digamos, política local, então alguns termos políticos tendem a ocorrer juntos, tornando-a impenetrável para quem é de fora. "*Blairite MP in New Labour Sleaze Trap, say Tories*" [Membro do Parlamento Partidário de Blair em Nova Armadilha Suja dos Trabalhistas, dizem os Conservadores] poderia ser um exemplo tirado de um jornal britânico. Seis palavras com significados ou nuances da política britânica se encontram em uma seqüência rápida, e a frase não será interpretável de imediato para alguém não familiarizado com o mundo do discurso político na Grã-Bretanha. Exatamente o mesmo tipo de acúmulo de expressões estranhas pode ser encontrado em áreas onde os "novos ingleses" estão emergindo. Neste exemplo do *Sunday Times* sul-africano, todas as palavras locais são afrikaans na origem: "É interessante lembrar que alguns nacionalistas *verkrampte*, que posam agora de super *Afrikaners*, já foram *bitterreinder bloedsappe*" [*verkrampte*, fanático; *Afrikaner*, sul-africano branco; *bitterreinder*, obstinado; *bloedsappe*, membro leal do Partido Unido, o ex-South African Party, ou SAP].

É fácil ver como as coisas podem evoluir mais. Não foi apenas um substantivo em afrikaans que chamou atenção nesse último exemplo; foi uma locução nominal — uma combinação de adjetivo e substantivo. Assim, se uma locução, por que não algo maior que uma locução? Acrescente-se um verbo, talvez, ou transforme-a em uma oração completa — da mesma forma como em inglês poderíamos pegar emprestada toda uma frase do francês e dizer *Je ne sais quoi* ou *C'est la vie*. Partes de uma frase originalmente em inglês podem facilmente vir a conter grandes pedaços de empréstimos lingüísticos. E em muitos lugares do mundo, onde o inglês é segunda língua ou língua estrangeira, é exatamente esse processo que tem sido usado com uma freqüência sem precedentes. Pessoas usando inglês, mesmo em um nível relativamente avançado, empacam em uma palavra, expressão ou frase; ou embora usando o inglês como língua franca, descobrem que uma expressão particular em sua língua materna se adapta melhor ao que querem dizer. Se elas estão conversando com alguém de antecedentes lingüísticos comuns, não há problema em trocar para a outra língua a fim de resolver a dificuldade de comunicação. Um diálogo pode sair do inglês, depois voltar, várias vezes em uma seqüência rápida. A mesma situação acontece inversamente também: as pessoas começam na língua materna, depois passam para o inglês quando acham que sua primeira língua não lhes permite dizer o que querem. Isso acontece com freqüência quando elas entram em um assunto que aprenderam apenas em inglês, como computação — ou até ter um filho. Conheço uma mãe falante do francês que teve filho quando morou na Grã-Bretanha um ano. De volta à França, ela se viu passando para o inglês toda vez que queria falar sobre o fato — para grande confusão de seus amigos franceses, cuja experiência de ter filhos tinha sido decididamente francófona.

Quando as pessoas contam simultaneamente com duas ou mais línguas para se comunicar umas com as outras, o fenômeno é chamado de *mudança de código*. Podemos ouvir isso acontecendo agora no mundo todo, entre todos os tipos de língua, cada vez mais. Pelo fato de o inglês ser tão difundido, isso é especialmente visível tanto na escrita como na fala. Em *The English Languages*, Tom McArthur dá um exemplo de um folheto bilíngüe lançado pelo HongkongBank, em 1994, para trabalhadores filipinos. A seção em tagalogue contém bastante inglês misturado. Por exemplo:

> *Mg-deposito ng pera mula as ibang* conta HongkongBank, em qualquer ATM HongkongBank, usando seu cartão para saques. *Mag*-transferência *ng* quantia regular *bawa't buwan* (por Instrução Permanente) *galang as inyong* corrente *o* Conta de Poupança, esteja a conta com o HongkongBank ou não.[7]

Esse tipo de língua é descrito usando-se um nome composto — no caso, taglês (para tagalogue e inglês). Temos também o franglês (francês-inglês), texmex (para o espanhol mexicano usado no Texas), japlês (japonês-inglês), espanglês (espanhol-inglês), chinglês (chinês-inglês), *Denglish* (*Deutsch*/alemão-inglês), *Wenglish* (*Welsh*/gaélico-inglês) e outros mais. Tradicionalmente, esses nomes eram usados como denominação depreciativa. As pessoas zombavam do texmex e diziam que não era uma língua nem outra. Era uma "fala de sarjeta", de pessoas que não tinham aprendido a falar corretamente, ou "fala de preguiçoso", de pessoas que estavam se deixando influenciar demais pelo inglês. Mas no novo século vamos ter de repensar isso. É difícil chamar uma língua como o taglês de fala de sarjeta, quando está sendo usada por escrito por uma importante rede bancária! Os lingüistas vêm gastando um bocado de tempo analisando essas línguas "mistas", e descobriram que estão cheias de complexidade e sutileza de expressão — como esperaríamos se as pessoas possuem o recurso de usar duas línguas.

As línguas mistas aumentam quando viajamos pelo mundo que fala inglês; e é importante perceber a escala em que isso está ocorrendo. Elas serão provavelmente a principal tendência lingüística do século XXI. A mudança de código já é uma característica normal de comunicação na fala de milhões, que aprenderam inglês como segunda língua ou língua estrangeira. Eu moro em uma parte do País de Gales que fala gaélico, e ouço a mudança de código entre gaélico e inglês o tempo todo. Na verdade, globalmente, existem provavelmente agora mais pessoas que usam inglês com algum grau de mudança de código do que pessoas que não o usam. E se esses falantes são maioria, ou pelo menos estão representados em números significativos — como no caso da Índia —, nossa visão tradicional da língua tem de mudar. É muito errado pensar no "futuro do inglês mundial" como se ele fosse simplesmente ser uma versão mais usada do inglês britânico ou do inglês americano. Essas variedades permanecerão, naturalmente, mas serão suplementadas por outras que, embora tenham tido origem talvez na Grã-Bretanha ou nos EUA, revelarão diferenças cada vez maiores.

A evidência da diversificação lingüística — os "novos ingleses", com mistura de códigos cada vez mais acentuada — existe há um longo tempo, mas a extensão de sua presença veio apenas recentemente a ser apreciada. Não é algo que vejamos comumente impresso — exceto quando um romancista a captura em um diálogo, ou ela aparece em escrita informal em um jornal. Mas a encontramos prontamente quando viajamos para os países envolvidos — geralmente sob forma de uma falha de entendimento. Falamos com alguém em inglês, e a pessoa responde — mas não podemos compreender o que está dizendo, porque seu inglês é muito diferente. E não vimos tudo ainda. No mundo todo, filhos estão nascendo de pais com experiências diferentes de primeira língua, que falam inglês como língua franca. Seu inglês contém com freqüência muita mistura de códigos ou um uso que não é o padrão. Se esses pais escolhem falar esse inglês com seus filhos, como acontece muitas vezes, temos então a perspectiva do inglês com mistura de código e sem padrão sendo aprendido como língua materna — e por milhões de futuros cidadãos deste mundo. A distinção entre inglês como primeira língua e como língua estrangeira deixa de ser importante nesses casos.

Com essas tendências em mente, é possível evitar a conclusão de que, deixado à própria sorte, o inglês vai se fragmentar em variedades mutuamente ininteligíveis, como aconteceu ao latim vulgar um milênio atrás? As forças dos últimos 50 anos, que levaram a tantos Estados recém-independentes, sugerem com certeza essa conseqüência. O inglês acabou sendo usado, em alguns desses países, como expressão de identidade sociopolítica, e conseqüentemente adquiriu um caráter novo, recebendo nomes como inglês nigeriano e inglês de Cingapura. E se mudanças significativas forem notadas em um período relativamente curto de tempo — algumas décadas — essas variedades não deverão se tornar ainda mais diferenciadas no próximo século, de forma que acabaremos tendo uma "família de línguas" inglesas? Há uma resposta que se apresenta se examinarmos o paralelo aparente com o latim.

Latim revisitado?

O paralelo entre a situação do inglês e do latim é sem dúvida surpreendente. Durante o primeiro milênio, o latim se tornou a língua universal da sociedade européia culta — embora precisemos dizer latins, pois na Europa existiam àquele tempo algumas variedades. Havia a variedade de prestígio — o latim clássico literário escrito durante o Império Romano (em especial no Ocidente). Depois vinham as variedades faladas no dia-a-dia, chamadas agora de latim vulgar. Já no primeiro século a.C., encontramos Cícero comentando sobre a pronúncia provinciana percebida no latim falado na Gália Cisalpina. Por volta do século VIII, há evidências de uma mudança considerável, de forma que a maneira de se referir à língua estava se modificando: a "*lingua latina*" estava sendo descrita como "*lingua romana*" ou "*rustica romana lingua*". É certo que, por volta do ano 900, ao nos depararmos com os primeiros textos representando a língua falada na Gália, não podemos mais falar em latim, mas devemos nos referir a ela como francês arcaico; e as outras línguas românicas começam a emergir por volta da mesma época.

A situação que o latim enfrentava então era muito semelhante à do inglês agora. De um lado, havia o latim clássico escrito, aparentemente bem vivo e sendo ensinado na forma-padrão em todo o mundo ocidental civilizado. Por outro lado, havia evidências claras do surgimento de uma falta de entendimento mútuo entre as comunidades, com aquelas que já tinham falado latim vulgar em Portugal, na Espanha, na França, na Itália, na Romênia e em outros lugares, divergindo cada vez mais umas das outras. Pode mesmo ter havido especulação sobre o futuro do latim, em face dessas tendências já existentes. A língua iria se fragmentar totalmente? O latim permaneceria como língua franca mundial? Haveria ainda alguém aprendendo a forma-padrão em mil anos? Um milênio depois, sabemos o que aconteceu. Agora as formas-padrão dessas línguas são na verdade mutuamente ininteligíveis. O latim-padrão é ainda usado, mas apenas por um pequeno número de clérigos e estudiosos, em especial dentro da Igreja Católica Romana. Um grupo de amantes ardorosos do clássico, em universidades e escolas, tenta manter uma tradição de ensino do latim, mas não encontra facilidade. O latim, para a maioria dos intentos e propósitos, é agora uma língua morta. Mas suas filhas estão muito vivas.

Esse cenário poderia ocorrer com o inglês? Certamente, há alguns paralelos dignos de menção. O inglês se espalhou pelo mundo moderno em um padrão de tempo não muito dessemelhante daquele que deve ter afetado o latim. Roma se tornou uma República em 509 a.C., e a Primeira Guerra Púnica (264-241 a.C.) resultou na aquisição da primeira província de além-mar, a Sicília. Cerca de dois séculos mais tarde, Augusto estabeleceu o Império (31 a.C.), que perdurou no Ocidente até 476 d.C. Assim, basicamente, estamos falando sobre um período de quase mil anos, com algo em torno de 750 anos como o período de expansão real. Agora, consideremos o inglês do tempo do bispo Aelfric — o primeiro a colocar no papel uma conversa em inglês (o *Colóquio*, que ele escreveu por volta do ano 1000). Outro período de quase mil anos; e sinais de mudança na língua já no início. Durante o século XI, uma nova variedade de inglês começou a se desenvolver na Escócia, muito influenciada pelos refugiados que haviam se dirigido para o Norte, nos anos seguintes à conquista normanda. Esse Middle Scots serviu de base ao inglês escocês muito particular que conhecemos hoje. Mas o primeiro desdobramento além-mar só ocorreu no final do século XII, quando o domínio inglês foi imposto na Irlanda por Henrique II, em 1171; a influência do irlandês gaélico sobre o inglês não deve ter custado a ser sentida. E desde então, até o século XX, cobrindo o período principal da expansão inglesa pelo mundo, temos — exatamente como o latim — 750 anos.

Podemos forçar o paralelo a ir um pouco mais além. O que consideramos o período "clássico" da literatura latina — a "idade de ouro" de Augusto, com Ovídio, Virgílio, Horácio, Lívio et al. — surgiu durante o primeiro século a.C., cerca de 400 anos depois do início da República e cerca de 200 após a Primeira Guerra Púnica. O primeiro "clássico" da literatura inglesa, *Contos de Canterbury*, de Chaucer, foi escrito por volta de 400 anos após o início de nosso calendário, no ano 1000, e cerca de 200 anos após a expedição irlandesa. Vamos dar um pulo de mais 200 anos. Esse é um século muito significativo para ambas as línguas. Durante o século III d.C., as invasões bárbaras tiveram início em toda a Europa, tornando-se incessantes nos próximos cem anos, e levando por fim ao declínio do Império do Ocidente. O latim clássico passou cada vez mais a ser uma língua de elite, e quando as linhas de comunicação com Roma se tornaram mais tênues, as diferenças de fala entre as pessoas comuns aumentaram. O latim começou seu período de declínio, como língua franca falada. Duzentos anos depois, na Inglaterra, outro momento decisivo: estamos então no final do século XVI, um tempo em que os méritos do inglês *versus* outras línguas, especialmente o latim, estavam sendo calorosamente debatidos e havia muita discussão sobre declínio. Richard Mulcaster, o diretor da Escola de Alfaiates Comerciantes, foi um dos grandes defensores do inglês, chamando atenção para a sua força como veículo culto de expressão, juntamente com o latim. Mas até ele concluiu que o inglês não podia competir com o latim como língua internacional. Escrevendo em 1528, ele diz: "Nossa língua inglesa é de pequeno alcance, não se estende além da nossa ilha — não, nem sobre toda ela." E reflete: "Nosso Estado não é nenhum império que irá crescer e dominar outros países[8]". Não havia também uma literatura de verdade da qual se orgulhar desde a época de "Pai Chaucer", como diriam as pessoas, 200 anos antes — e o inglês de Chaucer, por causa das grandes mudanças na pronúncia, que tinham ocorrido no início do século XV, havia virtualmente se tornado uma língua diferente.

1582. Que época para se dizer uma coisa dessas! No decorrer da próxima geração, as coisas se modificaram totalmente, tanto na política quanto na literatura. Em dois anos, a primeira expedição de Walter Raleigh à América partiria e, embora fosse um fracasso, a primeira colônia inglesa permanente estaria assentada em Jamestown, Virgínia, uma geração mais tarde. Como vimos, palavras emprestadas das línguas indígenas pelo inglês lá falado — que começou, portanto, a se transformar em inglês americano — passam a ser uma característica significativa da escrita contemporânea quase que de imediato, e logo começam as referências a um sotaque americano diferente. Com relação à literatura, 1582 teve também importância, porque foi o ano em que um jovem em Stratford, Warwickshire, se apaixonou — não por Gwyneth Paltrow (isso veio depois), mas por Anne Hathaway (sua licença de casamento está datada de 27 de novembro daquele ano). Logo após isso, não sabemos como nem quando, ele se mudou para Londres, e não muito tempo depois, falava-se nele como escritor. Uma geração depois, a literatura inglesa jamais seria a mesma novamente.

Seiscentos anos após a difusão tanto do latim quanto do inglês ocorreu um momento crítico. No caso do latim, foi o início da expansão. Cerca de quatro ou cinco milhões de pessoas falavam inglês no final do reinado da rainha Elisabeth I. Esse número aumentou para um quarto da população mundial, cerca de 1,5 bilhão de pessoas, no final do reinado da rainha Elizabeth II. O contraste entre latim e inglês neste ponto parece total. Mas, se a história serve de guia, é de se supor que esse período de expansão do inglês contenha as sementes de sua fragmentação. Não estamos falando das "línguas latinas", mas das "línguas românicas". E, como já vimos, existe um livro chamado *As línguas inglesas*. A história parece estar se repetindo.

Força centrífuga versus *força centrípeta*

No entanto, a história talvez não sirva mais de guia para o que está ocorrendo no inglês hoje. O paralelo com o latim não é perfeito. Uma das conseqüências da globalização é que através da mídia temos acesso imediato a outras línguas, e às variedades de inglês diferentes, de formas que só se tornaram disponíveis há pouco; e isso está alterando a maneira como as pessoas tomam consciência da língua. Um colega do Conselho Britânico me contou recentemente que viu na Índia um grupo de pessoas em um vilarejo remoto, aglomeradas em torno de um aparelho de televisão, ouvindo o noticiário da BBC transmitido via satélite. Ele percebeu que nenhuma daquelas pessoas jamais tinha ouvido outro tipo de inglês antes — pelo menos, não de forma regular ou concentrada — senão a variedade indiana de inglês ensinada pelo professor da escola. Mas com toda uma escala de modelos auditivos recentes se tornando disponíveis rotineiramente, é fácil ver como o tipo de inglês falado na Índia poderia se mover em direções novas. E a comunicação por satélite sendo global por definição, é possível observar como um sistema natural de pausas e equilíbrios — bem certificado na história da língua —, pôde surgir no caso do inglês mundial. Nesse cenário, o empurrão dado pela carência de identidade, que tem tornado o inglês indiano cada vez mais dessemelhante do inglês britânico, é equilibrado por outro lado, pela necessidade de ser inteligível em escala mundial, o que vai tornar o inglês indiano cada vez mais homogêneo. E isso pode acontecer em qualquer lugar.

Tanto a força centrífuga quanto a centrípeta operam no inglês. Junto com a necessidade de refletir situações e identidades locais — o que promove a diversidade — existe uma carência por entendimento mútuo, que provoca a padronização. As pessoas precisam ser capazes de entender umas às outras, tanto dentro do seu país quanto no exterior. Sempre houve a necessidade de línguas francas. E à medida que as organizações supranacionais crescem, a necessidade se torna mais urgente. Os 191 membros da ONU não estão lá simplesmente para expressar suas identidades, mas também porque querem conversar entre si (pelo menos durante uma parte do tempo). E qualquer que seja a língua escolhida por uma organização como língua franca, é essencial — para o conceito funcionar — que cada um aprenda a mesma coisa, ou seja, uma forma padronizada dessa língua. No caso do inglês, quando pessoas se reúnem em eventos internacionais, ou lêem a imprensa internacional, ou escrevem livros para publicação internacional, é o inglês-padrão que elas usam.

Na verdade, o inglês-padrão não é idêntico em todos os lugares — as diferenças de ortografia entre o inglês britânico e o americano são um ponto óbvio —, mas ele é em grande parte o mesmo, em especial quando impresso. É um pouco menos estabelecido na fala, onde as diferenças serão muitas vezes sentidas ao identificarmos as pessoas como britânicas, americanas, australianas, e assim por diante. Contudo, essas diferenças são ainda muito poucas, e podem diminuir à medida que os contatos internacionais aumentam. É um clichê, mas o mundo *se tornou* um lugar menor e isso tem uma conseqüência lingüística óbvia — conversamos mais uns com os outros e acabamos nos entendendo melhor. Os britânicos podem agora assistir ao futebol americano na TV toda semana, e seu conhecimento sobre o vocabulário técnico do jogo aumenta em conseqüência disso. Uma série sobre luta de sumô na televisão há alguns anos aumentou em dez vezes meu conhecimento de palavras japonesas em inglês. Quando refletimos sobre as oportunidades de contato hoje em dia, as chances são de que o elemento-padrão no inglês internacional será reforçado. A televisão por satélite, transmitindo inglês americano e britânico para lares no mundo todo, é um desdobramento particularmente significativo. Um inglês falado de forma cada vez mais padronizada é um resultado bem provável.

Essa é a razão por que a história do latim não é um guia para o futuro do inglês. Essas forças centrípetas não existiam mil anos atrás. Quando o Império Romano começou a se fragmentar, não havia nada que impedisse as forças centrífugas de separar o latim falado. O número de falantes do latim-padrão em toda a Europa era pequeno, e a comunicação entre os grupos, difícil. Agora o mundo inteiro é menor em termos de comunicação do que a Europa era naquela época. É o relativo isolamento entre as pessoas que faz uma língua anteriormente comum se mover em direções diferentes. Na Idade Média, era muito fácil para as comunidades ficarem isoladas do resto do mundo. Hoje isso é virtualmente impossível.

Tanto a força centrífuga quanto a centrípeta existem no mundo moderno, e precisamos de ambas. Queremos ter nosso bolo lingüístico e comê-lo. Queremos expressar nossa identidade através da língua e nos comunicar inteligivelmente através dela. Queremos ser diferentes e iguais. E a coisa mais esplêndida sobre o uso da língua pelos seres humanos é o fato de isso ser perfeitamente possível. É o tipo de situação com que o cérebro multifuncional lida muito bem. *Podemos* ter nosso bolo e comê-lo. Uma das principais descobertas da lingüística do século XX foi demonstrar a capacidade extraordinária do cérebro para a língua. Uma das conseqüências foi a observação de que o bilingüismo e o multilingüismo são a condição humana *normal*. Muito mais da metade das pessoas no mundo, talvez dois terços, é bilíngüe. As crianças aprendem suas línguas — freqüentemente várias — com rapidez extraordinária. É claro que existe algo em nossa constituição que estimula a aquisição da fala. Portanto, não vejo nenhum problema intrínseco no surgimento gradual de um mundo triinglês — isto é, um mundo no qual um dialeto doméstico (muitas vezes bem misturado no seu caráter), um dialeto-padrão nacional e um dialeto-padrão internacional coexistam confortavelmente. É uma perspectiva que nossos antepassados latinos teriam invejado.

Deixem-me ilustrar a forma como esses três níveis de inglês operam, a partir da minha experiência:

- O nível básico, o lugar onde todos nós começamos, é o lar, nosso dialeto de família. No meu caso, foi o País de Gales, e meu dialeto doméstico era um inglês galês tão forte no sotaque que, à época da mudança de minha família para Liverpool, quando eu tinha 10 anos, fui imediatamente apelidado de Taffy, e isso durou mesmo depois de o meu sotaque ter se modificado na direção do que era o comum na cidade. Hoje em dia sou fluente tanto em inglês galês quanto no dialeto de Liverpool. Tenho dois dialetos domésticos. Todos têm um pelo menos.
- O segundo nível é a variedade nacional de inglês-padrão que a maioria das pessoas aprende quando vai para a escola. (Para uma minoria, no Reino Unido, especialmente no sudeste da Inglaterra, o dialeto doméstico já é o inglês-padrão.) No meu caso, foi o inglês-padrão britânico. Aprendi a escrevê-lo e gradualmente a falá-lo, evitando características como *ain't** e a negativa dupla, e aprendendo uma variedade de construções gramaticais e de vocabulário diferentes das que existiam em meu dialeto doméstico.
- O terceiro nível é um inglês-padrão internacional — um inglês, em outras palavras, que na gramática e no vocabulário não é reconhecidamente britânico, americano ou qualquer outro. Quando estão trabalhando no exterior, muitas pessoas adquirem a habilidade de usar uma variedade que carece um pouco da sua característica britânica original, porque elas

* Forma negativa inculta. (N.T.)

sabem que estão falando com pessoas de fora do Reino Unido. O inglês-padrão falado internacionalmente ainda não é uma realidade global, mas está se aproximando disso.

Distinções semelhantes podem ser encontradas em outros cenários lingüísticos também. Muitos estudantes estrangeiros de inglês têm uma língua étnica ou ancestral como nível um e uma língua nacional como nível dois — como o basco (no norte da Espanha) por primeira e o espanhol por segunda. Os primeiros dois níveis podem também ser formas muito diferentes da mesma língua, como o napolitano (no sul da Itália) e o italiano-padrão, respectivamente.

A nova revolução

É provável que o século XXI veja mais falantes cultos de inglês como primeira língua se tornando tridialetais — triglóssico é um termo muitas vezes usado —, seja no Reino Unido, nos EUA, seja em Gana, Cingapura ou qualquer lugar onde o inglês tenha uma presença nacional significativa. Graças à exposição aos meios de comunicação, esses falantes já são tridialetais (pelo menos) em sua capacidade para compreender variedades regionais de inglês; e eles vão se tornar cada vez mais tridialetais em sua produção também. Os estudantes de língua estrangeira também precisarão lidar com essas variações — desenvolvendo um sentido de normas internacionais junto com as nacionais, que são no presente o foco do ensino. Os professores já chamam rotineiramente atenção para as diferenças lexicais e gramaticais locais, como o *pavement* britânico, o *sidewalk* norte-americano e o *footpath* australiano [as três palavras designam "calçada"], mas a perspectiva está invariavelmente em ir de uma dessas variedades para as outras. Alguém ensinando inglês britânico chama atenção para as alternativas americanas, ou vice-versa. Talvez não demore muitos anos para que um padrão internacional se torne o ponto de partida, com a variedade britânica, americana e as outras sendo vistas como localizações opcionais.

Eu não sei quanto tempo levará para que esse cenário se torne algo completamente estabelecido. Mas vejo que não será uma transição fácil, porque isso vai envolver mudanças significativas em nossos métodos de ensino e de avaliação. A situação não tem precedentes, com mais pessoas usando inglês em mais lugares do que em qualquer época na história da língua; e é imprevisível, pois as forças que promovem a identidade lingüística e o entendimento competem entre si de formas inesperadas. Para aqueles que têm de trabalhar profissionalmente com o inglês, portanto, este é um momento muito difícil. Afinal de contas, nunca houve um período desses de mudança tão rápida e fundamental, desde os surtos de desenvolvimento que atingiram a língua na Idade Média e no Renascimento. Pela primeira vez em 400 anos, estamos vendo o que acontece quando o inglês atravessa um período de mudança particularmente dramático. Isso equivale a outra revolução na forma como a língua é usada — uma época fascinante para se ser lingüista e presenciar o seu início, mas um tempo problemático quando se é professor, tendo de guiar outros. Não há dúvida de que as práticas tradicionais de ensino de produção lingüística vão continuar com poucas mudanças por enquanto, mas já há sinais de um alargamento da prática no que diz respeito ao ensino da compreensão oral. Já estamos vivendo em um mundo onde a maior parte das variedades de inglês que encontramos ao viajar é diferente da britânica ou da norte-americana tradicional. Os professores prestam um desserviço se deixam seus alunos sair do período de aprendizado despreparados para o admirável mundo novo lingüístico que os aguarda.

Este capítulo tratou do que provavelmente vai acontecer ao inglês enquanto lida com pressões para se tornar uma língua global em um período de tempo relativamente curto. Mas há o outro lado da moeda. Quando uma língua se torna dominante em um país, existem sempre implicações para as outras línguas locais: como elas mantêm a identidade? Quando uma língua passa a ser global, essas implicações afetam todas as línguas. Uma série diferente de perguntas surge. A influência do inglês vai ser tão forte a ponto de mudar permanentemente o caráter de todas as outras línguas? E o inglês poderia destruí-las? Um mundo onde só tivesse restado uma língua — um desastre intelectual de uma escala sem precedentes — é um cenário que poderia ser teoricamente obtido em 500 anos. Durante a década de 1990, as pessoas começaram a pensar seriamente sobre essa possibilidade, por terem se tornado conscientes da segunda dimensão da revolução da língua.

2. O FUTURO DAS LÍNGUAS

Nenhuma língua existe de forma isolada. Todas as línguas em contato se influenciam mutuamente. Aquelas cujo alcance é maior — as principais línguas internacionais, como francês, espanhol, chinês e swahili — exercem mais influência sobre suas línguas de contato. E uma língua global, por natureza, exerce mais influência que todas.

Uma das tendências mais notáveis dos últimos 50 anos tem sido a maneira pela qual o inglês, na medida em que se tornou cada vez mais global, começou a afetar o caráter de outras línguas, através da introdução de um número sem precedentes de palavras emprestadas. Aqui temos uma dúzia delas do início do alfabeto, reunidas no *Dictionary of European Anglicisms*, de Manfred Görlach (2001):

> *AA* (Alcoólatras Anônimos), *absenteeism* [absentismo], *absorber* (de porta de geladeira), *abstract* (resumo de conteúdo), *accelerator* [acelerador], *accountant* [contador], *account executive* [gerente

de conta em agência de publicidade], *ace* (tênis), *acid* (LSD), *acid house* (música), *action film* [filme de ação], *AD* (diretor de arte).[1]

As culturas variam muito em sua reação a esses influxos e dentro de cada uma delas existem respostas diferentes. Algumas pessoas os acolhem bem, vêem-nos como fonte de riqueza léxica; os de mente mais purista os condenam, entendendo-os como um ataque aos valores tradicionais da língua. Organizações têm sido fundadas para combatê-los. Em alguns casos famosos, houve tentativas de bani-los — a *loi Toubon*, na França, talvez seja o exemplo mais conhecido. Essa energia e essa emoção provocadas devem ser respeitadas, mas ao mesmo tempo a história nos mostra com muita firmeza que isso é um equívoco. As línguas sempre estiveram em contato com outras. Todas elas sempre tomaram empréstimos de outras. E nenhuma comunidade lingüística jamais obteve sucesso ao tentar impedir que esse processo acontecesse. A única forma de se conseguir isso seria afastar a própria língua do contato com outras. Mas ninguém deseja o isolamento social e econômico que essa política acarretaria.

Existe uma falácia minando a posição antiempréstimo. Os puristas acreditam que tomar palavras emprestadas de outras línguas levaria as suas a perder o caráter e que isso seria um desastre. Uma mudança de caráter vai ocorrer. Um desastre, não. A prova está na própria história das línguas, e em especial na história do inglês. Uma pesquisa pelas páginas do *Oxford English Dictionary* demonstra que o inglês, ao longo dos séculos, pegou palavras emprestadas de mais de 350 línguas. Como eu disse no Capítulo 1, isso mudou seu caráter de forma dramática. Originalmente uma língua germânica, o inglês de hoje não é como o do tempo anglo-saxão: quatro quintos de seu vocabulário não têm nada de germânico, mas de românico, latino ou grego. (Sempre acho irônico que, quando os franceses, por exemplo, reclamam de palavras inglesas entrando em sua língua, eles acabam objetando aquelas que têm origem francesa ou latina — um exemplo recente é *le computer.*)

O inglês mudou, sem dúvida, mas isso foi uma coisa ruim? Grande parte do impacto expressivo de Chaucer e Shakespeare — para se tomar apenas dois entre muitos autores — se deveu às suas habilidades de trabalhar com todo aquele vocabulário multilíngüe. E todos se beneficiam com uma língua lexicalmente enriquecida. Em inglês temos muitos "duplos" e "triplos", como *kingly, royal* e *regal*, que se originam na história de empréstimos da língua — um germânico, um francês e um latino. Três palavras para o mesmo conceito básico permitem toda uma variação de nuances estilísticas a ser expressa, que não seria possível de outra maneira. Os empréstimos sempre acrescentam valor semântico à língua, oferecendo às pessoas a possibilidade de expressar o pensamento de forma mais matizada. É exatamente isso o que está acontecendo em outras línguas no momento: os jovens, por exemplo, acham muitas palavras emprestadas do inglês "bacanas", de um modo que a geração mais velha não concorda, e sua expressividade fica fortalecida em conseqüência disso. A língua como um todo adquire, assim, uma dimensão lexical extra que não possuía antes. Diferentes esferas sociais agora fazem ativa e criativamente uso de palavras inglesas — na propaganda, por exemplo, onde o uso de uma palavra inglesa pode mesmo ajudar a vender produtos. Naturalmente, acontece a mesma coisa no inglês, mas ao contrário. Palavras francesas no inglês ajudam a vender perfumes. E uma das expressões mais amplamente usadas, emprestadas ao inglês britânico via anúncios de TV, na década passada, tem sido *Vorsprung durch Technik**.

Quando uma língua adota palavras — e também sons e construções gramaticais —, ela as adapta. Essa é a história recorrente do inglês, na medida em que ele se espalhou pelo mundo, evoluindo até os novos "ingleses" discutidos no Capítulo 1. E um processo semelhante afetará os empréstimos lingüísticos que estão no momento sendo introduzidos em outras línguas também. Quando a palavra francesa *restaurant* foi incorporada ao inglês, ela mudou

* *Slogan* da Audi, literalmente "Progresso através da tecnologia". (N.T.)

aos poucos de caráter, perdendo a vogal nasal francesa na sílaba final, para terminar primeiro como "rest-uh-rong" e, por fim, a pronúncia moderna "rest-ront". Analogamente, as palavras inglesas mudam de pronúncia, e até perdem seu caráter inglês, quando são repronunciadas em outra língua. A silabação que tem afetado as palavras inglesas no japonês é um caso bastante estudado: algumas são agora ininteligíveis para um ouvinte nativo de inglês — o que é uma razão para o surgimento de rótulos como japlês, com a implicação de que essas variedades estão se tornando línguas novas. Esses rótulos não têm caráter depreciativo, como já vimos, embora sejam muitas vezes usados dessa forma: são esforços intuitivos para caracterizar o que está acontecendo lingüisticamente pelo mundo, na medida em que as línguas se põem cada vez mais em contato. São um exemplo básico da premissa de que a língua humana não pode ser controlada. Quanto mais uma língua se torna nacional, depois internacional e por fim global, mais ela cessa de ser propriedade dos que a originaram. O próprio inglês há muito deixou de ser propriedade de alguém, como já vimos, e está agora aberto à influência de todos que decidam usá-lo. Esta é a razão pela qual ele está mudando tanto enquanto se espalha pelo mundo, e porque o cenário de uma "família de línguas" inglesas é uma grande possibilidade para o século XXI.

O motivo de o vocabulário atrair mais atenção é porque o léxico é a área onde a mudança ocorre com mais rapidez e visibilidade. As pessoas estão conscientes das palavras novas e de seus novos significados. Mas nem todos os empréstimos atraem o mesmo nível de atenção. As palavras emprestadas tendem a ser de dois tipos: para conceitos que a língua nunca expressou antes (como em grande parte do vocabulário da Internet); e conceitos que já foram expressos por uma palavra nativa perfeitamente satisfatória. É esta segunda categoria que recebe críticas, porque há o medo de que a nova palavra substitua a antiga. É um receio infundado, como já sugeri, por duas razões. Primeiro, como os vários exemplos do tipo *kingly* ilustram, a nova palavra não tem de substituir a antiga, mas pode suplementá-la. Quando o espanhol, por exemplo, adota palavras inglesas e as adapta, elas deixam de ser inglesas e se tornam espanholas — embora transmitam uma nuance diferente junto com a palavra tradicional espanhola. O processo de integração é facilitado por muitas pessoas, como poetas, romancistas, dramaturgos, satiristas, comediantes, anunciantes e jornalistas, que fazem uso dessas nuances criativamente. Em geral, as palavras emprestadas levam uma geração para se tornarem integradas, embora a Internet esteja diminuindo esse tempo. Quando olhamos para os empréstimos feitos pelas gerações anteriores, nós os valorizamos, porque vemos a maneira como autores e outras pessoas fizeram bom uso deles. É apenas a geração atual de palavras emprestadas que atrai críticas.

E segundo, mesmo nos casos em que a palavra nova realmente substitui a antiga (como ocorreu muitas vezes no inglês também, com centenas de palavras francesas tomando o lugar das anglo-saxônicas no começo da Idade Média), não há muito que se possa fazer em relação a isso. O ponto tem que ser repetido: a língua humana não pode ser controlada. O historiador do século XII Henrique de Huntingdon conta uma história de que o rei Canuto da Inglaterra repreendeu seus bajuladores, dizendo-lhes que até ele, o rei, não podia conter as marés — nem, por implicação, o poder de Deus. Essa história é de grande relevância quando pensamos nos indivíduos, nas sociedades, academias ou até nos parlamentos tentando conter o fluxo de palavras emprestadas — qualquer que seja sua língua original. Eles nunca lidaram com isso no passado e nunca lidarão no futuro. A língua é assim tão poderosa porque muitos falantes estão envolvidos. Exceto em uns poucos exemplos, nos quais o número de falantes é tão pequeno que seu uso pode ser planejado por um organismo central (como no caso de algumas línguas ameaçadas e minoritárias), o uso está além do controle. Esse é claramente o caso de línguas fortes como francês, espanhol e alemão, que são faladas em países que incorporaram muitas identidades étnicas.

Em vez de atacar os empréstimos, portanto, faz muito mais sentido desenvolver estratégias criativas para promover sua integração, na literatura, na escola e na sociedade como um todo. Isso significaria tempo e energia mais bem empregados. As palavras emprestadas são as exportações invisíveis de um mundo onde pessoas de diferentes experiências lingüísticas convivem umas com as outras. Elas acrescentam novas dimensões de vida, em termos lingüísticos, a uma comunidade. Como cidadão deste mundo, valorizo cada empréstimo que tenho em meu repertório lingüístico, e espero o dia em que outros sintam a mesma coisa. Contudo, se as pessoas têm realmente tempo e energia disponíveis para se preocupar com assuntos lingüísticos, existem questões muito mais importantes merecendo sua atenção. Como a morte das línguas, por exemplo.

Línguas ameaçadas

Apesar de as línguas terem existido e desaparecido ao longo da história humana, foi somente na década de 1990, após a publicação de uma série de pesquisas mundiais, que as pessoas começaram a notar que a velocidade dos desaparecimentos estava aumentando significativamente.[2] A relevância desse fato é fácil de resumir, embora seja impossível precisá-lo: das cerca de seis mil línguas no mundo, é provável que aproximadamente metade delas desapareça no decurso deste século — em média, uma língua morre a cada duas semanas. Essa é uma velocidade de perda sem precedentes na história escrita. O conhecimento desse fato é ainda muito pequeno, e decerto nada próximo à conscientização equivalente das perdas biológicas que associamos ao movimento ambiental; a maioria das pessoas ainda precisa desenvolver uma consciência da língua. Mas a extensão e a velocidade da atual perda de diversidade lingüística no mundo são tão cataclísmicas que fazem a palavra "revolução" parecer suave, quando a consideramos nesse contexto.

O interesse do público pela diversidade lingüística mundial cresce constantemente, em parte porque a história global está sendo vista na história das línguas individuais ameaçadas, muitas das quais são faladas na Europa. Felizmente, a Europa tem décadas de experiência no manejo de línguas minoritárias, de estruturas políticas e administrativas para direcionar especialistas, e uma história de decisões que resultaram em proteção e recomendações importantes. Na verdade, alguns países não-europeus olham para a preocupação do continente com grande respeito e vêem, não sem um pouco de inveja, situações como a do galês — na qual existem nada mais do que duas leis lingüísticas já em vigor e debates ocorrendo sobre uma terceira. Os movimentos locais de apoio ao galês, gaélico, catalão, romanche e muitas outras línguas nativas criou uma dinâmica que alcançou níveis sem precedentes na década de 1990, pelo menos se julgarmos pelo número de demonstrações públicas (como a Provisão Européia para Línguas Regionais ou Minoritárias de 1992 e a Declaração de Barcelona dos Direitos Lingüísticos de 1996).[3] Organizações internacionais e nacionais preocupadas com a morte das línguas (como a Fundação para Línguas Ameaçadas, no Reino Unido, ou o escritório da Unesco, em Tóquio) datam de 1995. É a condição recente do movimento que explica por que ele teve até agora relativamente pouca presença pública, se comparado com o movimento ecológico em geral, que vem ganhando força há meio século. Mas não existem dúvidas quanto à gravidade da situação, proporcionalmente muito maior do que no caso das espécies zoológicas e botânicas ameaçadas. Ninguém está dizendo que metade das espécies do mundo vão morrer no próximo século.

A conexão entre a chegada de uma língua global (Capítulo 1) e a velocidade acelerada da perda de outras precisa ser reconhecida, mas não simplificada em demasia. O impacto das línguas dominantes sobre as minoritárias é um assunto de preocupação universal, e o papel do inglês está especialmente ligado a ele. Mas é importante reforçar que *todas* as línguas majoritárias estão envolvidas: o crescimento do inglês como língua global não é o único fator para se explicar a ameaça que as outras línguas sofrem. Embora o inglês seja o fator crítico no desaparecimento de línguas em partes do mundo como Austrália e América do Norte, ele é de pouca relevância quando consideramos as perdas correspondentes que ocorreram na América do Sul ou em muitas partes da Ásia, onde línguas como espanhol, português, russo, árabe e chinês substituíram línguas nativas. Nem foi o inglês sempre o fator principal na África colonial, onde rivalidades interétnicas e inter-religiosas em nível local são muitas vezes a razão para uma língua particular se encontrar ameaçada. A importância da questão é geral: estamos lidando com as conseqüências de uma tendência globalizante, em que forças de mercado e culturais sem precedentes foram liberadas, erodindo pontualmente o equilíbrio do poder lingüístico e envolvendo todas as línguas importantes.

Uma língua morre quando a última pessoa que a fala desaparece. Ou, algumas pessoas dizem, morre quando a penúltima pessoa que a fala desaparece, pois então a última não tem mais ninguém com quem conversar. Uma língua perdura, após essas mortes, apenas se tiver sido escrita ou registrada de alguma forma. Na virada do milênio, cerca de duas mil línguas — mais ou menos um terço do total — não haviam ainda sido documentadas. Quando uma dessas línguas desaparece, as conseqüências são verdadeiramente catastróficas. Ao morrerem, as pessoas deixam sinais de sua passagem pelo mundo, sob forma de habitações, locais de sepultamento e artefatos — em uma palavra, sua arqueologia. Mas a língua falada não deixa arqueologia. Quando uma língua que nunca foi documentada morre, é como se jamais tivesse existido.

O que é tão dramático é a dimensão do problema. Não há nada de estranho em uma língua morrer. Comunidades surgem e desaparecem ao longo da história, e com elas suas línguas. O hitita, por exemplo, morreu quando sua civilização se extinguiu nos tempos do Antigo Testamento, e cerca de 60 línguas conhecidas da época bíblica tiveram o mesmo destino. Isso é compreensível. Mas o que está acontecendo hoje é extraordinário, julgando-se pelos padrões do passado. Metade das línguas do mundo morrendo em um século significa uma extinção lingüística em uma escala maciça e sem precedentes. Como sabemos que tantas línguas vão se perder? Ao longo das últimas duas ou três décadas, lingüistas do mundo todo têm gastado muito tempo coletando dados comparativos. Fizeram-se alguns levantamentos importantes. E, quando as pessoas investigam uma língua, elas não fazem simplesmente anotações sobre pronúncia, gramática e vocabulário, elas também observam o número de pessoas que a falam e que idade elas têm. É óbvio que, se encontram uma língua com apenas poucos falantes, e ninguém está preocupado em passá-la para as crianças, essa língua está fadada a morrer em breve. E temos de tirar a mesma conclusão se uma língua possui menos de cem ou mil falantes. Não é provável que dure muito.

Em um levantamento publicado em 1999, o *Ethnologue*, organizado pelo Summer Institute of Linguistics dos Estados Unidos, havia então 51 línguas com apenas um falante — 28 delas apenas na Austrália. Existiam aproximadamente quinhentas línguas com menos de cem falantes; 1.500 com menos de mil; mais de três mil com menos de dez mil falantes; e cinco mil línguas titubeantes com menos de cem mil. Acontece que 96% das línguas mundiais são faladas por apenas 4% das pessoas. Talvez não seja de se admirar que tantas estejam em perigo.

O número cem mil, no contexto das línguas ameaçadas, por vezes surpreende as pessoas. Uma língua com cem mil falantes está segura? As evidências apontam o contrário. Essa língua não vai morrer na próxima semana nem no ano que vem; mas não há garantia de que estará ainda sobrevivendo daqui a duas gerações. Tudo depende das pressões que estão sendo impostas sobre ela — em particular, se está ameaçada pelo domínio de outra língua. Depende também da atitude das pessoas que a falam — elas estão preocupadas se ela vai viver ou morrer? O bretão, no noroeste da França, é um caso clássico de uma língua que está sendo reduzida drasticamente em números. No início do século XX, ela era falada por cerca de um milhão de pessoas, mas está agora reduzida a um quarto desse total. O bretão poderia ser salvo se esforços suficientes fossem feitos — o mesmo tipo de esforço que ajudou o galês a recuperar seu crescimento —, e há indícios de que isso esteja acontecendo. De outra forma, a tendência à diminuição apenas continuaria e o bretão estaria extinto em cinqüenta anos. Essa situação já ocorreu, recentemente, a duas outras línguas celtas do noroeste da Europa — o córnico, falado em Cornwall antigamente, e o manx, na ilha de Man. Ambas estão atualmente buscando apoio, em um esforço para recuperar o que foi perdido; mas, quando uma língua perde a última comunidade de falantes nativos, a tarefa de ressuscitá-la — embora não seja impossível, como já foi visto em algumas comunidades de língua aborígine da Austrália — é imensamente difícil.

Uma língua não demora muito a desaparecer quando a comunidade perde o desejo de preservá-la. Na verdade, a velocidade do declínio tem sido uma das principais descobertas da pesquisa lingüística recente. Um exemplo é o aleuta, a língua das ilhas Aleutas, a oeste do Alasca, que sobreviveu basicamente em apenas um vilarejo, Atca. Em 1990, havia 60 falantes fluentes remanescentes; por volta de 1994, apenas 44. Se esse padrão de declínio continuar, o aleuta vai efetivamente desaparecer até 2010. Em virtude da idade dos falantes mais jovens, ainda nos 20 anos, ela tem probabilidade de viver até meados do século, falada esporadicamente, até esses últimos poucos falantes, isolados uns dos outros e sem oportunidades de renovar a língua através da interação diária, perceberem que não têm ninguém mais com quem conversar. Esse é um cenário que pode ser encontrado em qualquer lugar do mundo, mas em especial nas regiões próximas ao equador — Brasil, África do Sul e sudeste da Ásia (principalmente em Papua Nova Guiné) —, onde a maioria das línguas do mundo é falada.

Por que tantas línguas estão morrendo? As razões variam desde desastres naturais, passando por formas diferentes de assimilação cultural, até genocídio. Consideremos o primeiro fator. Embora seja virtualmente impossível se chegar a números precisos, é evidente que pequenas comunidades em áreas isoladas podem ser dizimadas ou eliminadas com facilidade por terremotos, furacões, tsunamis e outros cataclismos. Em 17 de julho de 1998, um terremoto de magnitude 7,1 próximo à costa da província de Saundaun do Leste, em Papua Nova Guiné, matou mais de 2.200 pessoas e desalojou mais de dez mil. Os vilarejos de Sissano, Warupu, Arop e Malol foram destruídos; cerca de 30% dos habitantes de Arop e Warupu foram mortos. As pessoas dessas localidades haviam já sido identificadas pelos pesquisadores do Summer Institute of Linguistics como suficientemente diferentes entre si na fala para justificar o reconhecimento de quatro línguas separadas, mas o problema ficou sem solução: de acordo com o *Ethnologue* (1996), foram necessários levantamentos em três casos; e algum trabalho estava sendo feito no quarto. Os números já eram pequenos: Sissano possuía apenas 4.776 habitantes no censo de 1990; Malol foi estimado como tendo 3.330; Arop, 1.700, em 1981; e Warupu, 1.602, em 1983. Os totais para Arop e Warupu são agora de 500 pessoas a menos para cada uma, no mínimo. Mas como os vilarejos foram destruídos, e os sobreviventes se mudaram para abrigos e outras localidades, deve-se agora realmente questionar se essas comunidades (e suas línguas) sobreviverão ao trauma do deslocamento.

A conseqüência histórica de doenças importadas sobre populações indígenas é bem conhecida, embora a escala extraordinária dos efeitos no primeiro período colonial não esteja ainda suficientemente avaliada. Considera-se que, duzentos anos após a chegada dos primeiros europeus às Américas, mais de 90% da população indígena foram mortos pelas doenças que os acompanharam, trazidas tanto por animais como por seres humanos. Para se tomar apenas uma área: acredita-se que a população do México central era de pouco mais de 25 milhões em 1518, quando os espanhóis chegaram, mas ela havia caído para um milhão e 600 mil por volta de 1620. Algumas estimativas sugerem que a população do Novo Mundo pode ter sido de até 100 milhões antes do contato com os europeus. Em duzentos anos, havia caído para menos de um milhão. A escala desse desastre pode apenas ser apreciada comparando-a com outros: ela excede os estimados 25 milhões que morreram de peste negra na Europa do século XIV; e ultrapassa em muito o total de mortes nas duas guerras mundiais (entre 30 e 40 milhões). A varíola então; a aids hoje. Mas doenças como gripe e sarampo podem ser letais em uma comunidade que não tenha imunidade contra elas, como tem sido várias vezes visto entre grupos indígenas da América do Sul.

Em partes do mundo onde recursos naturais indígenas têm sido sujeitados à exploração de fora, o efeito sobre o povo nativo é devastador, como as organizações de direitos humanos documentam regularmente. O tratamento recebido pelas comunidades da Floresta Amazônica continua a fornecer motivos para condenação internacional. Apesar de décadas de esforços a fim de assegurar o direito à terra para os povos indígenas e dar-lhes proteção contra a agressão de fazendeiros, mineiros e madeireiros, relatos de assassinatos e expulsão de etnias são ainda comuns. Em outras partes do mundo é a situação política de um país, mais do que a econômica, a causa imediata da dizimação ou do desaparecimento de comunidades. O dano pode ser resultado de guerras civis ou de conflitos em escala internacional. Antigas inimizades étnicas ou religiosas podem estar envolvidas, como em partes da África. Protestos contra genocídio são comuns.

Em muitos lugares, é difícil separar os fatores políticos dos econômicos. O desaparecimento de algumas línguas na Colômbia, por exemplo, tem sido atribuído a uma mistura de situações de agressão. Uma vertente enfatiza a história de conflitos militares, nos quais várias comunidades indígenas foram exterminadas. O conflito é complexo, envolvendo guerrilhas paramilitares regulares e forças criminosas (ligadas à droga) que operam em áreas rurais. Membros de comunidades étnicas se vêem envolvidos nos conflitos, muitas vezes como suspeitos, por parte de uma dessas forças, de serem colaboradores do inimigo. Outra vertente acentua a exploração de pequenas comunidades por organizações tanto de dentro como de fora do país, com exemplos relatados de trabalho escravo (para produção de borracha ao longo do Amazonas) e de migrações forçadas da área rural para as cidades. Independentemente do equilíbrio de causas, o resultado tem sido o mesmo — a mortandade significativa dessas pessoas e a desintegração a curto prazo das comunidades.

As pessoas podem viver, mas sua língua morrer apesar disso. Outro grupo de fatores que causa a perda de línguas não tem nada a ver diretamente com a segurança física das pessoas. Os membros da comunidade permanecem vivos e saudáveis, muitas vezes continuam a habitar seu território tradicional, mas a língua, não obstante, entra em declínio e acaba desaparecendo para ser substituída por outra. O termo mais encontrado para essa situação é *assimilação cultural*: uma cultura é influenciada por outra mais forte, e começa a perder o caráter porque seus membros adotam novo comportamento e outros hábitos. Grande parte da crise de hoje se origina dos grandes movimentos culturais que começaram há 500 anos, quando o colonialismo espalhou pelo mundo um pequeno número de línguas dominantes. A questão não precisa ser enfatizada em lugares como a América do Norte e a Austrália, onde o inglês substituiu tantas línguas aborígines — mas, como já foi mencionado, não devemos esquecer que o inglês não é de modo algum a única língua que dominou dessa forma. Na América do Sul, foram o espanhol e o português. No norte da Ásia, o russo. Também não foi o colonialismo europeu a única causa: o árabe massacrou muitas línguas do norte da África, e na África subsaariana, a construção de impérios tribais locais sempre foi um fator crítico.

Hoje, os fatores que promovem a assimilação cultural são bem conhecidos. A urbanização produziu cidades que agem como ímãs para as comunidades rurais, e o desenvolvimento dos transportes e das comunicações tem tornado fácil para essas comunidades alcançá-las. Nas cidades, elas têm acesso imediato à sociedade de consumo, com suas nuances especificamente norte-americanas, e sofrem a homogeneização que os contatos dessa natureza causam sem que se possa evitar. O aprendizado de uma língua dominante — como espanhol ou português na América do Sul, swahili em grande parte da África oriental, árabe na África do norte e inglês virtualmente em todos os lugares — facilita em muito esse processo. Ainda que as pessoas permaneçam em seu meio rural, não há escapatória (exceto para as comunidades mais isoladas), porque o mesmo sistema de transporte que leva as pessoas do interior para a cidade é usado a fim de trazer produtos de consumo, e a propaganda a eles associada, para suas comunidades. A centralização do poder na metrópole resulta, invariavelmente, em perda de autonomia para as comunidades locais, e muitas vezes em um sentimento de alienação, quando percebem que não estão mais no controle do próprio destino e que as necessidades locais estão sendo desconsideradas por tomadores de decisão que se encontram distantes. A língua da cultura dominante se infiltra em todos os lugares, reforçada pela incansável pressão diária dos meios de comunicação e, em especial, da televisão. O conhecimento e as práticas tradicionais se deterioram rapidamente.

Quando uma cultura assimila a outra, a seqüência dos acontecimentos que afeta a língua ameaçada parece ser a mesma em todo lugar. Existem três grandes estágios. O primeiro é uma imensa pressão sobre as pessoas para que falem a língua dominante — pressão que pode advir de fonte política, social ou econômica. Pode vir "de cima para baixo", sob forma de incentivos, recomendações e leis introduzidas por um governo ou uma comissão nacional; ou "de baixo para cima", como modismo ou pressão de outros grupos semelhantes de dentro da sociedade da qual formam parte; ou, mais uma vez, pode não ter direção clara, surgindo como resultado de uma interação entre fatores sociopolíticos e socioeconômicos, reconhecidos e compreendidos apenas em parte. Mas, de onde quer que a pressão tenha vindo, o resultado — estágio dois — é um período de bilingüismo emergente, quando as pessoas se tornam cada vez mais eficientes na nova língua, mas retêm ainda competência na antiga. Depois, em geral com grande rapidez, esse bilingüismo começa a declinar, com a língua antiga dando lugar à nova. Isso leva ao terceiro estágio, no qual a geração mais jovem se torna cada vez mais proficiente na língua nova, identificando-se mais com ela, e considerando a primeira língua menos relevante para suas novas necessidades. Essa realidade vem muitas vezes acompanhada de um sentimento de vergonha em relação ao uso da língua antiga, tanto por parte dos pais quanto dos filhos. Os primeiros a usam cada vez menos com os últimos, ou na frente deles; e quando mais filhos nascem dentro da sociedade nova, os pais têm menos oportunidades ainda de usar aquela língua com eles. As famílias que insistem em continuar usando a língua descobrem que há cada vez menos famílias com quem conversar, e o uso se torna interiorizado e idiossincrático, resultando em "dialetos de família". Fora de casa, os filhos deixam de conversar entre si na língua. Na geração seguinte — às vezes até em uma década —, um bilingüismo saudável dentro de uma família pode descambar para um semilingüismo vão, e daí para um monolingüismo que coloca essa língua um passo mais próxima da extinção.

O desafio do século XXI: documentação e revitalização

Alguma coisa pode ser feita? É óbvio que já é tarde para se fazer alguma coisa a fim de ajudar muitas línguas, cujos falantes são poucos ou velhos e cuja comunidade se encontra ocupada demais tentando sobreviver para se preocupar com a língua. Mas outras línguas não estão em posição tão grave. Com freqüência, onde línguas se vêem ameaçadas há coisas que podem ser feitas a fim de lhes dar vida nova. O termo é *revitalização*. Uma comunidade, quando percebe que sua língua está em perigo, pode melhorar a situação e introduzir medidas que consigam revitalizá-la. Existem exemplos bem-sucedidos e muito comentados na Austrália e na América do Norte; nas ilhas Britânicas, o exemplo mais auspicioso de uma língua revitalizada é o do galês. Tudo tem de estar em harmonia, naturalmente, para poder haver uma probabilidade de sucesso. A cultura da qual ela faz parte precisa ter respeito por línguas minoritárias. Tem de haver fundos para garantir a introdução de cursos, materiais e professores. E, em um grande número de casos, é necessário que haja lingüistas, para darem conta da tarefa básica de pôr a língua no papel ou no seu equivalente digital.

Esse é o trabalho principal: documentar a língua — gravar, analisar, escrever. Há duas razões para tal. A mais óbvia é a educacional — a necessidade de alfabetização. Mas existe uma segunda razão, e essa tem tudo a ver com por que devemos nos preocupar com línguas que estão morrendo, em primeiro lugar. Devemos ter esse cuidado pela mesma razão que nos afligimos quando uma espécie animal ou vegetal morre: isso reduz a diversidade do nosso planeta. Estamos falando aqui de diversidade intelectual e cultural, naturalmente, e não de diversidade biológica; mas os problemas são os mesmos. A maioria das pessoas aceita, sem necessidade de argumentação, a idéia de que a biodiversidade é uma coisa boa e que sua preservação deve ser estimulada. Após décadas de publicidade e ativismo verde, elas estão conscientes agora. A diversidade lingüística, infelizmente, não tem recebido a mesma divulgação. As pessoas, como um todo, não estão informadas. O que pode ser feito para aumentar a consciência das pessoas será discutido no Capítulo 4.

A diversidade tem um lugar central no pensamento evolucionista, no qual é vista como resultado da adaptação genética de espécies, a fim de sobreviver em ambientes diferentes. A uniformidade crescente traz perigos para a sobrevivência de uma espécie a longo prazo. Os ecossistemas mais fortes são aqueles que têm maior diversidade. E, em sua aplicação ao desenvolvimento humano, já se falou muito que nosso sucesso na colonização do planeta se deveu à nossa habilidade de desenvolver culturas diversas, que se adaptam a todos os tipos de meio ambiente. A necessidade de se manter a diversidade lingüística se apóia nesses argumentos. Se a diversidade é um pré-requisito para o sucesso da humanidade, então a preservação da diversidade lingüística é essencial, pois a língua está no cerne do que significa ser humano. Se o desenvolvimento de culturas múltiplas é tão importante, então o papel das línguas se torna crítico, pois as culturas são transmitidas principalmente pela língua falada e escrita. Encapsuladas em uma língua estão a maior parte da história de uma comunidade e muito de sua identidade cultural. "Toda língua é um templo", disse Oliver Wendell Holmes, "onde a alma daqueles que a falam está como em um santuário."[4] E se o volume de diversidade é um fator crítico, então quanto mais línguas pudermos preservar, melhor.

O mundo é um mosaico de pontos de vista. Aprendemos muito com os pontos de vista dos outros, e perder nem que seja um pedaço desse mosaico é uma perda para todos nós. Às vezes o aprendizado é eminentemente prático, quando descobrimos, por exemplo, novos tratamentos médicos a partir das práticas de medicina popular de um povo indígena. Outras vezes é intelectual — um aumento no nosso conhecimento da história do mundo, como quando os elos entre as línguas nos contam alguma coisa sobre os movimentos de antigas civilizações. "Sempre lamento quando qualquer língua se perde, porque as línguas são a linhagem das nações"[5], dizia o dr. Johnson. Às vezes, esse aprendizado é literário: toda língua tem seu equivalente — mesmo que de forma oral apenas — de Chaucer, Wordsworth e Dickens. E muitas vezes é lingüístico: aprendemos algo novo sobre a própria língua — o comportamento que nos faz humanos de verdade. Ezra Pound resumiu a essência desse argumento intelectual: "A soma da sabedoria humana não está contida em nenhuma língua, e nenhuma delas é capaz de expressar todas as formas e graus da compreensão humana."[6] E para uma perspectiva complementar, podemos nos voltar para George Steiner: "Não é o dever do crítico fazer uso, em alguma forma final imperfeita, de outra língua — nem que seja para experimentar os contornos que definem a sua?"[7]

Há, portanto, boas razões ecológicas, sociais e lingüísticas para que nos preocupemos com a morte das línguas e continuemos a tarefa de documentar o mais rápido possível as que se encontram ameaçadas. Com cada uma que morre, outra fonte preciosa de dados sobre a natureza da faculdade da língua humana se perde — e não devemos esquecer que existem apenas cerca de seis mil fontes no total. Entretanto, nem todo o mundo acredita no valor de um mundo multilíngüe. Certos mitos muito enraizados persistem. O pior é o de Babel: as pessoas acham que a multiplicidade das línguas do mundo é mais uma maldição que uma bênção, imposta por Deus como punição pelo orgulho vão da humanidade. Este argumento continua: se tivéssemos apenas uma língua no mundo — seja o inglês, o esperanto ou qualquer outra —, estaríamos muito melhor. Não haveria mal-entendidos. Seria um novo reinado da paz mundial.

A hipótese soa muito atraente; mas é uma bobagem. Não tem nada a ver com o fato de se acreditar na Bíblia ou não. Vamos deixar de lado a questão de se houve alguma vez uma única língua pré-Babel (o Gênesis 10 sugere que não, quando enumera os filhos de Jafé "de acordo com seus países e cada uma de suas línguas" — bem antes do acontecimento de Babel, que não é relatado até o Gênesis 11). O fato é que um mundo monolíngüe não traria mais paz no futuro do que se vê em países monolíngües hoje. Muito pelo contrário. É interessante como muitas das áreas problemáticas do mundo nas últimas décadas foram países caracterizados pelo monolingüismo, como Camboja, Vietnã, Ruanda e Burundi — os últimos dois, de forma acentuada na África —, e o setor de fala servo-croata na antiga Iugoslávia. A Irlanda do Norte, também, se desejarem. E todos os países monolíngües importantes tiveram suas guerras civis. Se as pessoas querem lutar entre si, é necessário mais do que uma língua comum para detê-las.

Temos muito mais possibilidade de colaborar para um mundo pacífico respeitando o direito das pessoas e suas identidades comunitárias — e o emblema principal, ou distintivo, de uma comunidade é sua língua. Uma política sensível de multilingüismo aliada a uma preocupação com as línguas minoritárias tem muito mais possibilidade de criar bases para uma coexistência pacífica e mutuamente benéfica. E só desenvolveremos essa política nos tornando conscientes, genuinamente conscientes, dos benefícios do bilingüismo — um princípio que as nações mais importantes, em geral monolíngües por temperamento histórico, estão tendo ainda alguma dificuldade para assimilar. Elas precisam refletir sobre as palavras de Ralph Waldo Emerson: "Quanto mais línguas tiver, quanto mais amigos, quanto mais artes e ofícios, mais ele é um homem."[8] Ou sobre o provérbio eslovaco: "A cada nova língua aprendida se adquire uma alma nova."

Naturalmente, em algumas partes do mundo, toda essa conversa sobre língua tem de ser colocada em uma perspectiva mais ampla. É um axioma que o bem-estar físico seja prioridade máxima: não tem o menor sentido fazer discursos sobre língua para as pessoas se elas estão doentes demais para falar ou muito famintas para ouvir. Se estiver faltando comida, bem-estar e trabalho, só se pode esperar então que elas direcionem as energias para encontrar formas de aumentar seus recursos e promover crescimento econômico. O mesmo se aplica se conflitos militares, opressão política ou distúrbios civis ameaçam diariamente a segurança e a sobrevivência. A preservação da língua, em tal contexto, parece quase um luxo irrelevante. E, entretanto, é um fato da vida que circunstâncias, prioridades e objetivos mudem com o passar do tempo. Se os programas de desenvolvimento promovidos pelas organizações internacionais tiverem sucesso, então há esperança de que chegará um dia em que, saudáveis e bem alimentadas, as pessoas vão ter tempo e energia para dedicar à qualidade, em oposição à quantidade, de vida. Nesse momento, elas se voltarão para o objetivo de reviver suas tradições e afirmar a identidade cultural. E só então irão olhar para a sua língua.

Uma das piores queixas que acabam surgindo é a do tipo "se pelo menos": "se pelo menos meus pais tivessem..."; "se pelo menos a geração dos meus avós tivesse...". Essa espécie de reação é muito comum entre os membros de uma comunidade duas gerações após aquela que falhou em transmitir a língua. A primeira geração não está muito preocupada, na medida em que seus membros estão muitas vezes se esforçando ainda para afirmar sua recém-adquirida posição social e a nova língua. São seus filhos, já seguros nesse idioma novo e em uma situação socioeconômica muito melhor, lutando por reivindicações territoriais e direitos civis dos antepassados, que vão começar a pensar na herança que perderam e a desejar que as coisas tivessem sido de outra maneira.

A "língua velha", anteriormente um motivo de vergonha, passa a ser vista como fonte de identidade e orgulho. Mas nesse momento, sem nenhuma medida de preservação, é tarde demais. Se a língua desapareceu, sem registro e sem memória, não há como trazê-la de volta. Se, ao contrário, um pouco de esforço for feito para a preservação dessa língua, mesmo nas mais difíceis circunstâncias econômicas, pelo menos as opções são mantidas em aberto. As pessoas podem fazer sua escolha, seja pensando nessa geração ou na próxima.

Um pouco de esforço. Esse é o desafio do século XXI. Podemos salvar alguns milhares de línguas dessa forma? É claro, se houver vontade e recursos disponíveis. Quanto vai custar então? Não fica barato, quando se pensa no que é preciso ser feito — pôr lingüistas em campo, apoiar as comunidades com recursos lingüísticos e professores, editar gramáticas e dicionários, criar material para uso nas escolas —, e tudo isso por um período de alguns anos, porque revitalizar uma língua ameaçada leva tempo. As condições variam tanto que é difícil generalizar, mas uma soma de 100 mil libras por língua possibilitaria que se fizesse muito. Se fizermos esse esforço durante três anos para cada uma das três mil línguas, estaríamos falando sobre cerca de 900 milhões de libras para se obter um impacto verdadeiro sobre a crise atual. Quer falemos em libras, quer em dólares, a soma é muito alta. Mas vamos pôr a questão em perspectiva: isso equivale à renda obtida pelo petróleo em dois dias, num ano médio. Três mil línguas documentadas e sua revitalização iniciada por cerca de um bilhão de libras/dólares? Em que mais se conseguiria valor semelhante pelo dinheiro?

O processo começou, vagarosamente e com dificuldades. Durante a década de 1990, algumas organizações foram fundadas para tentar canalizar as energias envolvidas e levantar financiamento. Já mencionei a Fundação para Línguas Ameaçadas, criada no Reino Unido em 1995, e existem organizações semelhantes nos EUA, na Alemanha, no Japão e em outros lugares. A iniciativa da Unesco, posta em marcha no mesmo ano, deu um passo à frente ao fazer uma declaração recentemente, em março de 2003, refletindo a urgência da situação.[9] Não existe, ao que parece, falta de candidatos querendo ir para os locais e trabalhar com essas línguas. Em muitas dessas localidades, já há pessoas nativas bem treinadas. O problema, em todo caso, é o financiamento. A necessidade é óbvia, mas só se resolvem problemas através de um aumento de conscientização, usando-se textos acadêmicos, transmissões de rádio e TV, jornalismo e o máximo possível de canais de comunicação — e, não menos importantes, como argumentarei no Capítulo 4, são as artes. Conscientizar as pessoas do sentido de "alerta vermelho" da questão em escala global é, provavelmente, a iniciativa lingüística mais crítica a ser tomada no novo milênio. Uma década atrás, era muito difícil ver como isso poderia ser feito. Hoje, vários canais se abriram, em grande parte devido às oportunidades propiciadas pelo terceiro aspecto da revolução da língua — a Internet.

3. O PAPEL DA INTERNET

A aquisição da Internet pelo público foi o terceiro elemento que contribuiu para o caráter lingüístico revolucionário da década de 1990, e para o qual o epíteto "revolucionário" é mais fácil de justificar. Embora a Internet como tecnologia tenha estado presente desde a década de 1960, para e-mails e bate-papo, as pessoas só começaram a explorá-la 30 anos mais tarde. A rede mundial só passou a existir propriamente em 1991. Mas, em um tempo extraordinariamente curto, as pessoas adotaram e dominaram a tecnologia e, enquanto o faziam, conheceram, adaptaram e expandiram sua linguagem tão diferente. Para começar, elas descobriram que a novidade lingüística estava principalmente na gíria e no jargão de seus entusiasmados adeptos, assim como na tendência para brincar com a língua e infringir regras lingüísticas convencionais de ortografia e pontuação. Os lingüistas ficaram bastante impressionados pela velocidade com que as inovações lingüísticas conseguiram circular mundialmente. Mas aos poucos tornou-se patente que a Internet revelava mais do que uma nova variedade estilística de linguagem. Ela nos proporcionava uma alternativa nova para as modalidades em que a comunicação humana pode ocorrer. Essa alternativa é tão nova que não possui ainda um nome com o qual todos estejam de acordo — comunicação mediada por computador (CMC) e comunicação eletrônica foram sugeridos — e também não existe um termo aceito para o tipo de língua revelado por ela (o termo que uso é *netspeak*).[1] Mas há boas razões para vermos a chegada da Internet como um acontecimento que é revolucionário não só em termos lingüísticos como também em seus aspectos tecnológicos e sociais.

Revoluções dessa magnitude são na verdade acontecimentos raros. O primeiro meio de comunicação foi, naturalmente, a fala, que surgiu na raça humana entre 30 mil e cem mil anos atrás. Depois, há cerca de dez mil anos, em algumas partes do mundo, encontramos o surgimento da escrita. Esses dois meios têm mantido a raça humana se comunicando satisfatoriamente desde então, cada um deles sendo facilitado de vez em quando pela chegada de tecnologia nova — em especial a telefonia e as transmissões de rádio e TV, no caso da fala; e a impressão e o telégrafo, no caso da escrita. Devemos também reconhecer a relevância de um terceiro meio de comunicação para um setor importante da sociedade — a língua de sinais, que teve uma história obscura até começar a ser sistematicamente registrada no século XVIII, e que existe hoje de várias formas. Mas um meio de comunicação novo que afetasse toda a sociedade não aparecia há dez mil anos.

Quais são as razões para se falar nesse tom tão revolucionário? Por que não me contento em descrever a comunicação mediada por computador em termos tradicionais — simplesmente como "língua escrita em uma tela"? A resposta pode ser vista no esforço que os observadores vêm fazendo para descrever exatamente o que ocorre quando as pessoas se comunicam dessa forma. Os e-mails, por exemplo, têm sido chamados de "fala escrita", "um cruzamento entre conversa e carta" e "uma estranha mistura de escrita com conversa".[2] Quando Homer Simpson pergunta aos amigos "o que é um e-mail?", eles coçam a cabeça. Lenny responde: "É uma coisa de computador, como, *ãhn*, uma carta elétrica." Carl acrescenta: "Ou um telefonema silencioso."[3] E quando levamos em consideração as outras funções da Internet, a dificuldade de se chegar a uma caracterização simples em termos de fala ou escrita convencional se torna ainda maior. Alguns comentaristas têm comparado a Internet a um amálgama de televisão, telefone e publicação convencional, e o termo ciberespaço foi cunhado para capturar a idéia de um mundo de informação, presente ou possível, em forma digital (chamado anteriormente de *information superhighway*).

Para se apreciar a novidade do veículo, é preciso considerar todas as funções que ele é capaz de desempenhar. Em última análise, a Internet não é mais do que uma associação de redes de computador compartilhando padrões comuns, que permite às mensagens serem enviadas de qualquer computador central (ou *host*) em uma rede para qualquer *host* em outra. Agora ela é a maior rede de computadores do mundo, com mais de cem milhões de *hosts* conectados até o ano 2000, fornecendo uma variedade crescente de serviços e possibilitando que um número sem precedentes de pessoas entrem em contato umas com as outras, através de uma série de técnicas. Três funções principais podem ser identificadas:

1. A world wide web (ou web) é a manifestação dessa rede mais amplamente encontrada — a reunião total de todos os computadores ligados à Internet que possuem documentos mutuamente acessíveis pelo uso de um protocolo-padrão (o protocolo de transferência de hipertexto, ou http em inglês). O criador da web, o técnico de computadores Tim Berners-Lee, definiu-a como "um universo de informação acessível por rede, um conjunto do conhecimento humano"[4]. Ela foi inventada em 1990 como um meio de possibilitar que físicos trabalhando no campo da energia, em diferentes instituições,

compartilhassem informações, mas ela se espalhou com rapidez para outras áreas, e é agora superabrangente em assuntos, planejada para interação multimídia entre usuários de computador em qualquer lugar do mundo. Suas muitas funções incluem referências enciclopédicas, arquivística e catalogação. Listas de "páginas amarelas", anúncios, autopublicações, jogos, notícias, escrita criativa e transações comerciais de todos os tipos, com filmes e outras formas de diversão se tornando cada vez mais disponíveis.

2. Mensagem eletrônica (ou e-mail) é o uso de sistemas de computador para transferir mensagens entre usuários — agora empregado principalmente para se referir a mensagens enviadas entre caixas de correio particulares (diferentes daquelas mandadas para grupos de bate-papo). Embora só ocupe um campo relativamente pequeno de "espaço" na Internet, em comparação com os bilhões de páginas na web, ela vai muito além desta em termos de número de transações individuais feitas diariamente. Como disse John Naughton, "a rede foi criada sobre a mensagem eletrônica ... Ela é o óleo que lubrifica o sistema"[5]. É de caráter extremamente diverso, abrange mensagens pessoais e institucionais de extensão e propósito variados.

3. Grupos de bate-papo são discussões contínuas sobre um assunto específico, organizado em "salas" em determinados sites da Internet, em que usuários de computador interessados no tópico podem participar. Existem dois tipos de situação, dependendo se a interação acontece em tempo real (sincrônica) ou em tempo postergado (não-sincrônica). Nas situações sincrônicas, o usuário entra em uma sala de bate-papo e participa de uma conversa contínua, em tempo real, enviando suas intervenções sob um nome, as quais são inseridas em uma tela que se move permanentemente, junto com as intervenções dos outros participantes. Na situação não-sincrônica, as interações são guardadas em algum formato e ficam

> disponíveis para os usuários que as requisitarem, de forma que possam compreender a discussão ou acrescentar suas intervenções a qualquer hora — mesmo após a passagem de um período considerável de tempo. Um uso diferente dessa tecnologia tem a forma de "domínios de multiusuários" — ambientes imaginários onde as pessoas podem tomar parte em jogos fantasiosos, baseados em textos (do tipo *Dungeons and Dragons*), ou construir mundos virtuais (por exemplo, nos negócios ou na educação) em que podem simular situações reais e atuar em diferentes contextos.

Essas três situações não são mutuamente exclusivas. É possível encontrar sites em que todas aparecem combinadas, ou onde uma situação é usada dentro da outra. Por exemplo, muitos sites da rede contêm grupos de discussão e links de e-mail; e estes contêm por vezes anexos da rede. O mundo da Internet é extremamente fluido, com usuários explorando suas possibilidades de expressão, introduzindo combinações novas de elementos e reagindo aos desenvolvimentos tecnológicos. Mas uma coisa é certa. Essas três funções, em suas diferentes formas, facilitam e dificultam nossa capacidade de comunicação de modos que são fundamentalmente diversos dos encontrados em outras situações semióticas. Muitas das expectativas e práticas que associamos à língua falada e escrita não se realizam mais, e novas oportunidades surgem. Portanto, as pessoas percebem que têm de lidar com esse potencial de comunicação disponível e se deparam, então, com um problema. Elas precisam aprender as regras — de como se comunicar via e-mail, socializar-se em grupos de bate-papo, construir uma página da web que seja funcional — e, entretanto, não há regras, no sentido de modos de comportamento universalmente aceitos e estabelecidos pelo uso de gerações. Esse é um contraste evidente com o mundo das comunicações baseadas em papel. Escrever cartas, por exemplo, é ensinado rotineiramente na escola; e já que existe ampla concordância sobre como elas devem ser escritas, apoiada por recomendações de manuais, sentimo-nos seguros desse conhecimento. Mas nenhum guia desse tipo existe ainda no caso do *netspeak*. Em breve, as convenções de *netspeak* serão ensinadas normalmente nas escolas. Nesse meio tempo, a primeira indicação de que elaboramos mal uma mensagem aparece muitas vezes ao recebermos uma resposta desagradável do nosso correspondente.

A Internet é um veículo eletrônico, global e interativo, e cada uma dessas propriedades traz conseqüências para o tipo de linguagem encontrado lá. A influência mais fundamental provém do caráter eletrônico desse canal. Obviamente, as opções de comunicação do usuário são determinadas pela natureza do *hardware* necessário para se obter acesso à Internet. Assim, uma série de caracteres em um teclado determina a capacidade lingüística produtiva (o tipo de informação que pode ser enviado); e o tamanho e a configuração da tela definem a capacidade lingüística de recepção (o tipo de informação que pode ser visto). Tanto os que enviam como os que recebem se vêem ainda mais constrangidos lingüisticamente pelas propriedades do aplicativo e do *hardware* de Internet que os une. Existem, portanto, certas atividades lingüísticas que o veículo pode facilitar bastante, e outras com que ele não consegue lidar de modo algum. Há também algumas atividades lingüísticas permitidas pelo meio eletrônico que nenhum outro veículo consegue alcançar. É por isso que nos parece apropriado falar em "revolução".

Diferente da fala

A comunicação mediada por computador é diferente da fala, mesmo nas situações eletrônicas que mais se assemelham a ela, como a dos e-mails. Existem algumas diferenças importantes entre a CMC e uma conversa face a face. A primeira é uma conseqüência da tecnologia — a falta de retorno simultâneo. O sucesso de uma conversa depende de os participantes fornecerem retorno imediato um ao outro. Quando alguém fala comigo, não fico imóvel e silencioso: meu rosto e minha voz proporcionam um comentário contínuo sobre o que está sendo dito. Movimentos com a cabeça e sorrisos ocorrem juntamente com uma variedade ampla de vocalizações, como *ahã*, *é*, *claro* e *ah*. Essas mensagens do nosso interlocutor nos dizem como estamos nos saindo, e reagimos a elas instintiva e imediatamente. Um olhar perplexo nos faz reformular a frase. Um *humm* de dúvida nos faz repensar. Sem isso, a conversa acaba logo ou se torna extremamente formal e artificial. Já é difícil ao telefone, quando as deixas visuais estão ausentes. Imaginem a dificuldade de uma conversa face a face se não há retorno visual e auditivo.

Mas é assim que funciona uma interação por e-mail ou em grupo de bate-papo. As mensagens enviadas via computador são completas e unidirecionais. Quando enviamos uma mensagem a alguém, nós a digitamos pressionando uma tecla por vez, mas ela não chega à tela da pessoa um caractere por vez — como os antigos teletipos. A mensagem não deixa o computador até que se dê o comando "enviar", e isso significa toda a mensagem sendo transmitida como uma unidade e chegando à tela do receptor como unidade. Não há como reagir à mensagem enquanto ela está sendo digitada, pela razão óbvia de que o receptor não sabe que vai receber uma mensagem até o texto chegar. Da mesma forma, não existe nenhuma maneira de o emissor ter uma idéia da eficiência da mensagem enquanto ela está sendo escrita — se foi compreendida ou se necessita de retoques. Não há uma forma técnica (no momento) que permita ao receptor enviar o equivalente eletrônico de um assentimento simultâneo, um *ahã*, ou qualquer outra das reações audiovisuais que desempenham um papel tão crítico em uma interação face a face. As mensagens não podem se sobrepor. Portanto, os receptores são submetidos a um período de espera antes de o texto aparecer — em sua tela não há nada e de repente aparece algo, um sistema "liga-desliga" que se adapta bem ao mundo binário dos computadores, mas está muito longe da realidade complexa das conversas diárias. Somente esse fator já torna as conversas eletrônicas totalmente diferentes daquelas que ocorrem na fala do "mundo real".

A segunda grande diferença entre o *netspeak* e a conversa face a face pode ser ilustrada a partir de salas de bate-papo em tempo real. Quando se está em uma delas, conversando sobre um tema especial, pode-se ver na tela mensagens chegando do mundo todo. Se há 30 pessoas na sala, é possível ver até 30 mensagens diferentes, todas dando várias contribuições ao tema, mas muitas vezes se agrupando em meia dúzia de subconversas. É um pouco como estar em um coquetel onde há outras conversas acontecendo em volta. No coquetel, não se consegue prestar atenção a todas ou contribuir para todas ao mesmo tempo. Em uma sala de bate-papo, é impossível não percebê-las, e podemos contribuir para quantas nosso poder mental e nossa velocidade de digitação nos permitirem. Nunca fora possível, antes, na história da comunicação humana, participar simultaneamente de várias conversas. Agora é. Isso também é um estado revolucionário de coisas no que diz respeito à fala.

A terceira diferença resulta das limitações temporais da tecnologia: o ritmo de uma interação na Internet é muito mais lento do que o de uma situação de fala, e invalida algumas das propriedades mais evidentes de uma conversa. Nos e-mails e nos grupos de bate-papo não-sincrônicos, a resposta a um estímulo pode levar segundos ou meses. O ritmo da troca depende muito de fatores como o computador do receptor (por exemplo, se ele anuncia a chegada imediata de uma mensagem), a personalidade e os hábitos do usuário (se as mensagens são respondidas regularmente ou ao acaso) e as circunstâncias dos interlocutores (ou seu acesso ao computador). O tempo de espera (geralmente chamado de *lag* [retardo]) é um fator central em muitas situações: existe uma incerteza inerente com relação ao intervalo entre o momento de enviar uma mensagem e o de receber uma resposta. Por causa do *lag*, o ritmo da interação — mesmo nos encontros de *netspeak* mais rápidos — não possui a velocidade e a previsibilidade de uma conversa telefônica ou face a face. Mesmo que um participante digite uma resposta imediatamente, pode haver um intervalo até que a mensagem chegue à tela dos outros participantes, devido a alguns fatores como dificuldades de processamento de banda larga, densidade de tráfego no computador *host* ou algum problema no equipamento do emissor ou do receptor.

Os problemas de *lag* tornam as interações nas salas de bate-papo muito diferentes de tudo que os homens já experimentaram em termos de diálogo. Há frustração em ambos os lados da cadeia de comunicação. Do ponto de vista do emissor, o momento certo de falar pode ser desperdiçado, porque o assunto a que se relacionava a intervenção pretendida pode já ter saído da tela e estar desaparecendo rapidamente da memória comum do grupo. E do ponto de vista do receptor, a ausência de uma reação esperada é ambígua, já que não existe forma de saber se a demora se deve a motivos de transmissão ou a alguma "atitude" por parte do emissor. Silêncios inesperados em uma conversa telefônica passam uma ambigüidade semelhante, mas pelo menos ali temos códigos bem estabelecidos que podem trazer um esclarecimento imediato (*Alô?*, *Você ainda está aí?*). As estratégias lingüísticas que expressam nossas trocas em conversas face a face são muito menos confiáveis em grupos de bate-papo. Colin pode jamais obter uma reação para sua resposta a Jane porque ela talvez jamais a tenha recebido (por razões técnicas); porque ela pode não ter notado (em virtude de haver tantas outras intervenções entrando na tela ao mesmo tempo); porque ela pode ter estado distraída com alguma outra conversa (real ou virtual); porque ela pode ter saído da frente do monitor (por qualquer razão); ou porque ela simplesmente decidiu não responder. Da mesma forma, ela pode ter respondido e a mensagem dela é que sofreu algum atraso ou se perdeu. Quando as mensagens são bloqueadas por atrasos, não há muito que se possa fazer para esclarecer essas coisas.

Quanto maior o número de participantes envolvidos em uma interação, pior fica a situação. Atrasos em uma conversa entre duas pessoas são irritantes e ambíguos, mas o nível de interrupção é em geral administrável, porque cada uma delas tem apenas um interlocutor com o qual se preocupar. Se uma simples situação de email for afetada por um atraso sério, um retorno via telefone ou fax é facilmente providenciável. Mas quando uma interação eletrônica envolve várias pessoas, como nos grupos de bate-papo, em mundos virtuais e em e-mail que são copiados repetidas vezes, o *lag* produz uma situação muito diferente, porque interfere em outra característica essencial da interação face a face tradicional: a *vez* de falar. Ela é tão fundamental em uma conversa que a maioria das pessoas não está consciente do seu significado como forma de tornar as interações bem-sucedidas. Mas é um fato da conversação cotidiana que as pessoas sigam a rotina de alternar a vez de falar, evitem falar ao mesmo tempo ou interrompam uma à outra ao acaso ou em excesso. Além disso, elas esperam que certos "pares adjacentes" ocorram: que perguntas sejam seguidas por respostas, e não ao contrário; da mesma forma que uma informação seja seguida por um retorno, uma reclamação por uma desculpa ou justificativa. Essas estratégias elementares, aprendidas muito cedo, fornecem o esboço de uma conversa normal.

Quando há longos *lags*, a situação da conversação se torna tão estranha que a habilidade de se lidar com um tópico pode ser destruída. Isso porque a vez de cada um, como vista na tela, é ditada pelo aplicativo e não pelos participantes. Em um grupo de bate-papo, por exemplo, mesmo que se comece a enviar uma reação à fala de alguém antes de esta ser terminada, essa reação teria de esperar sua vez em uma série de falas que não se sobrepõem na tela, que dependem apenas do momento em que o sinal de enviar foi recebido pelo servidor. As mensagens são enviadas para a tela do receptor de forma linear, na ordem em que foram recebidas pelo sistema. Em um ambiente de vários usuários, as mensagens chegam de várias fontes o tempo todo e com *lags* diferentes. Por causa da forma como os pacotes de informação são eletronicamente enviados por rotas globais diferentes entre emissor e receptor, é até possível que ocorram inversões na vez de falar e todo tipo de sobreposições imprevisíveis. O tempo dos participantes não coincide. Lucy faz uma pergunta; Sue a recebe e envia uma resposta; mas na tela de Ben esta é recebida antes da pergunta. Ou Lucy faz uma pergunta, Sue responde, e Lucy faz outra pergunta; mas na tela de Ben a segunda pergunta chega antes da resposta de Sue à primeira. A situação pode ficar ainda mais complicada se Sue (ou alguém) decide responder a duas perguntas de diferentes participantes, enviando-as juntas. Enquanto isso, Steve, após fazer suas intervenções, sai do escritório e só responde um dia depois, após outras mensagens terem chegado. Há grandes possibilidades de confusão quando a vez de cada um falar ordenadamente é interrompida e os pares adjacentes se tornam tão separáveis. O mais surpreendente é que participantes experientes parecem tolerar (na verdade, adorar) a anarquia que se segue.

Questões de retorno e de turnos de fala são algumas formas em que a interação mediada por computador difere da conversação em fala. Mas ela é também diferente no que diz respeito às propriedades formais do veículo — que são tão acentuadas a ponto de se tornarem extremamente difíceis para as pessoas seguirem a recomendação de que devem "escrever como falam". A principal entre essas propriedades é o controle do *tom de voz* — "não é o que se diz, mas a forma como se diz" — expresso por meio de variações vocais no diapasão (entonação), na altura (ênfase), na velocidade, no ritmo, na pausa e em outros efeitos vocais. Tem havido esforços algo desesperados para substituir o tom de voz na tela, sob forma de um uso exagerado de ortografia, pontuação, letras maiúsculas, espaçamento e símbolos especiais para ênfase. Os exemplos incluem letras repetidas (*aaaaahhhhh, claaaaro*), sinais de pontuação repetidos (*quem????, ei!!!*) e convenções para expressar ênfase (como *a *verdadeira* questão*). Essas características são capazes de uma certa expressividade, mas a variedade de significados que elas transmitem é pouca e está restrita a noções grosseiras como excesso de ênfase, surpresa e perplexidade. Nuances menos exageradas não são passíveis de serem usadas dessa forma.

Relacionada a isso está a forma como o *netspeak* carece de expressões faciais, gestos e convenções de postura corporal, que são tão críticos para se externar opiniões e atitudes pessoais e moderar os relacionamentos sociais. Essa limitação foi notada desde o começo do desenvolvimento do *netspeak*, e levou à introdução de *smileys* ou *emoticons* — combinações de caracteres do teclado, planejadas para demonstrar uma expressão facial de emoção. Os dois tipos básicos expressam atitudes positivas e negativas, respectivamente (a omissão do "nariz" parece ser unicamente uma questão de velocidade de digitação ou de gosto pessoal):

:-) ou :)

:-(ou :(

Centenas de formas e seqüências lúdicas têm sido inventadas e reunidas em dicionários de *smiley*, algumas extremamente engenhosas e artísticas, mas quase nunca usadas em comunicações sérias. Fica claro que elas são uma maneira potencialmente útil, mas muito grosseira, de capturar algumas das características básicas da expressão facial. Elas podem prevenir uma percepção errada das intenções de um falante, mas um *smiley* individual ainda permite um vasto número de leituras (felicidade, piada, simpatia, bom humor, deleite, diversão etc.) que só podem ser despidas de ambigüidade com uma referência ao contexto verbal. Sem cuidado, elas podem levar até à sua má interpretação: acrescentar um sorriso a uma fala que é claramente irritada pode aumentar em vez de diminuir a força da "chama". É uma experiência comum que um sorriso possa tomar um caminho errado.

O fato de os *smileys* aparecerem em interações por e-mail ou em salas de bate-papo indica a natureza sem fala do veículo que os participantes estão usando. Os *smileys* se expandiram como forma de se evitar as ambigüidades e as percepções errôneas que surgem quando se faz a linguagem escrita carregar o peso da fala. São esforços louváveis, mas no todo falta ao *netspeak* uma capacidade para indicar expressões faciais, e isso, juntamente com a indisponibilidade de tons de voz, coloca-o a uma distância considerável da linguagem escrita. Um dia, os desenvolvimentos da tecnologia interativa vão permitir que os outros participantes sejam vistos e ouvidos enquanto falam, de forma que algumas dessas limitações serão eliminadas. Mas sempre haverá propriedades do meio eletrônico que nos capacitarão a usar a língua de formas que a fala tradicional jamais conseguiria.

Diferente da escrita

Se o *netspeak* não exibe as mesmas propriedades da fala, será que ele mantém algumas das características da escrita? Aqui também existem diferenças fundamentais. Vamos considerar primeiro o caráter limitado do espaço da escrita tradicional — o fato de que um texto é estático e permanente em uma página. Quando alguma coisa é escrita e voltamos repetidas vezes a ela, encontramos um texto invariável. Ficaríamos perplexos se, ao voltarmos a determinada página, ela tivesse alterado seu caráter gráfico de alguma forma. Colocando-se a coisa assim, podemos ver de imediato que a comunicação mediada por computador não é de modo algum como a escrita convencional. Uma "página" da web pode variar a cada busca (e todas têm essa opção de variar, mesmo que os donos da página decidam não adotá-la) por algumas razões possíveis: o conteúdo factual pode ter sido atualizado, o anunciante patrocinador pode ter mudado ou o projetista gráfico pode ter acrescentado novas características. A escrita que se vê não é necessariamente estática, em virtude das opções técnicas disponíveis que permitem ao texto se mover pela tela, desaparecer/reaparecer, mudar de cor, e assim por diante. E do ponto de vista do usuário, existem possibilidades de se "interferir" no texto de várias maneiras, que não estão disponíveis na escrita tradicional. Uma página, quando baixada para a tela do usuário, pode ter seu texto cortado, acrescentado, revisado, anotado e até totalmente reestruturado, de formas que fazem o resultado parecer vindo da mesma fonte que o original. Essas possibilidades têm causado bastante ansiedade entre os que se preocupam com questões de propriedade, direitos autorais e falsificação.

As outras situações da Internet também revelam diferenças da escrita tradicional em relação à limitação do espaço. Os e-mails são em princípio estáticos e permanentes, mas deletá-los rotineiramente é um procedimento esperado (além de uma opção importante para se poder gerenciá-los). Além disso, é possível alterar eletronicamente suas mensagens com uma facilidade e impossibilidade de detecção que não são concebíveis quando as pessoas tentam alterar um texto escrito nos moldes tradicionais. O que é especialmente revolucionário sobre os e-mails é o modo como o veículo permite o que se chama de *framing*. Recebemos uma mensagem de M que contém, digamos, três assuntos diferentes em um único parágrafo. Podemos, se assim o desejarmos, comentar cada um desses assuntos pegando o parágrafo, dividindo-o em três partes, e depois respondendo a cada parte separadamente, de forma que a mensagem que enviarmos de volta para M pareça um pouco com o diálogo de uma peça. Mais tarde, M pode fazer a mesma coisa com as nossas respostas, e quando recebermos a mensagem de volta, veremos as respostas de M para o que mandamos. Podemos depois enviar isso tudo a outra pessoa para novos comentários e, ao retornar, haverá então três vozes interpostas na tela. E pode continuar assim — a resposta dentro da resposta dentro da resposta —, todas unificadas na mesma tipografia da tela. Nunca existiu nada parecido na história da comunicação escrita humana. Embora em princípio seja possível receber uma carta, cortá-la em tiras, intercalar nossas respostas, depois colar tudo em outra folha de papel antes de retorná-la ao remetente, não é o que se pode considerar uma conduta comum. Mas fazemos isso o tempo todo com os e-mails, sem pensar duas vezes (quando estamos acostumados a esse procedimento).

Outra característica das comunicações mediadas por computador nos leva para mais longe ainda da escrita tradicional. Provavelmente, a mais importante é o link de hipertexto — o salto que os usuários podem dar se desejarem ir de uma página ou site para outro. Ele é a propriedade funcional mais importante da web, sem a qual o veículo não existiria, e encontra paralelos em algumas das convenções do texto escrito tradicional. O uso de notas, por exemplo, é um tipo de link de hipertexto primitivo, que faz o olho se mover de um pedaço da página para outro, ou de uma página para outra (se as notas estiverem reunidas no final do livro, como no presente volume). O uso de citações bibliográficas ou de referências cruzadas (como "ver p.333") dentro de uma frase oferece outra oportunidade para o leitor romper com as convenções da visão linear. Mas essas características estão à margem da linguagem escrita tradicional; podemos nos lembrar com facilidade de textos que não possuem nenhuma nota ou citação. Já a web, ao contrário disso, não poderia existir sem seus links de hipertexto. Como Tim Berners-Lee escreveu: "O discurso livre no hipertexto implica o 'direito ao link', que é a unidade de construção mais básica para toda a web."[6] Não há nada na linguagem escrita tradicional que lembre sequer remotamente essa flexibilidade dinâmica e centralização dos links de hipertexto na web.

Outras características da linguagem escrita tradicional também exibem um relacionamento incerto com o *netspeak*, mas elas dificilmente se encaixam em uma categoria "revolucionária". As interações de e-mail e de grupos de bate-papo, nas quais a pressão é forte para que a comunicação seja rápida, carecem daquela construção cuidadosamente planejada e elaborada tão característica da escrita. Por um lado, pode parecer que uma revolução está ocorrendo. Algumas pessoas estão felizes mandando mensagens sem qualquer revisão e sem se importar com erros de digitação, uso irregular de maiúsculas, falta de pontuação e outras anomalias. Mas esse é um efeito secundário, que raramente interfere no entendimento. É um estilo especial se originando das pressões que incidem sobre os usuários do veículo, além de um desejo natural (especialmente entre usuários de menos idade — ou mais jovens de espírito) de ser idiossincrático e ousado. E é assim que ele é percebido. Se recebo um e-mail de M no qual ele escreve errado uma palavra, não concluo por causa disso que "M não sabe escrever". Simplesmente noto que M não é um bom digitador ou que estava com pressa. Sei disso porque faço a mesma coisa quando estou apressado. Não há nada verdadeiramente revolucionário nisso. Muitos usuários de e-mail têm o mesmo cuidado de revisar suas mensagens que teriam em um ambiente fora da Internet.

No geral, o *netspeak* é mais compreendido como uma linguagem escrita que foi empurrada em direção à fala do que uma linguagem falada que foi escrita. Entretanto, expressar essa questão em termos de dicotomia tradicional é enganador. A comunicação mediada por computador não é idêntica à fala ou à escrita, mas exibe certas propriedades seletivas e adaptáveis presentes em ambas. Ela também faz coisas que nenhum dos outros dois meios faz, oferecendo-nos problemas novos de gerenciamento de informações. Considere-se, como um exemplo, a *persistência* de uma mensagem conversacional em uma sala de bate-papo — o fato de ela ficar na tela por um período de tempo (antes que a chegada de outras mensagens a substitua ou a faça subir na tela e sumir).

Isso introduz propriedades novas de interação que não estão disponíveis na fala. Significa, por exemplo, que alguém, ao entrar na conversa momentos depois de uma contribuição, ainda pode vê-la na tela, refletir sobre ela e ter uma reação; essa persistência tem duração relativamente curta, entretanto, se comparada com a que encontramos na escrita tradicional. Isso significa também, para os sistemas que fornecem um arquivo de todas as mensagens, na ordem em que foram recebidas pelo servidor, ser possível em princípio ver uma conversa que já acabou, ou buscar um tópico específico, de formas que tanto a conversação espontânea (não gravada) como o índice tradicional dos livros não permitem.

O *netspeak* é mais do que um agregado de características faladas e escritas. Porque faz coisas que nenhum desses outros meios faz, tem de ser visto como uma nova espécie de comunicação. É mais do que um híbrido de fala e escrita, ou o resultado do contato entre dois veículos existentes há muito. Os textos eletrônicos, de qualquer tipo, não são a mesma coisa que as outras formas de texto. Eles demonstram fluidez, simultaneidade (ao estarem disponíveis em um número indefinido de máquinas) e não se degradam com cópias; transcendem as limitações tradicionais de disseminação do texto; e possuem fronteiras permeáveis (por causa do modo como um texto pode ser integrado a outros ou exibir links para outros). Algumas dessas possibilidades apresentam conseqüências para a língua, e essas se combinam com aquelas associadas à fala e à escrita para tornar o *netspeak* um autêntico "novo veículo".

As conseqüências de um novo veículo: dentro de uma língua

Os efeitos lingüísticos da chegada de um novo meio de comunicação são duplos: ele inicia uma mudança no caráter formal das línguas que o utilizam e oferece novas oportunidades para que as línguas o utilizem. Dos dois, o primeiro é o que tem atraído mais publicidade, por causa do tipo de linguagem encontrado na Internet e nas tecnologias relacionadas a ela, como a telefonia móvel (telefones celulares). A aparente falta de respeito pelas regras tradicionais da língua escrita tem horrorizado alguns observadores, que vêem nesse fenômeno um sinal de deterioração dos padrões. As mensagens de texto são muitas vezes citadas como um problema particular. As crianças do futuro não terão mais a capacidade de escrever corretamente, diz-se. Contudo, o fato de que os mais jovens abreviam palavras nas suas mensagens usando técnicas de rébus (*b4* "before" [antes], *CUl8er* "see you later" [te vejo mais tarde]), abreviações (*afaik* "as far as I know" [até onde sei], *imho* "in my humble opinion" [na minha humilde opinião]) ou indicações fonéticas (*thx* "thanks" [obrigado]) não é novo ou fundamental.* As pessoas vêm usando abreviações há gerações (*ttfn, asap, fyi* [respectivamente "ta-ta for now", por ora, adeus; "as soon as possible", assim que puder; e "for your information", para sua informação]), e os jogos de rébus há muito são encontrados em revistas de palavras cruzadas. Até as listas mais completas de abreviações usadas nas mensagens de texto contêm não mais do que uma centena de formas e poucas delas são comumente usadas. E pelo fato de terem sido planejadas para satisfazer as necessidades de se escrever uma mensagem economicamente em uma tela que tem um limite de 160 caracteres, há pouca motivação para se usar essas formas em outras situações. Elas perdem sua função "bacana", de identifica-

* O mesmo se dá no português, em casos como *d+* (demais), *fds* (final de semana) e *qro* (quero), mas optamos por manter os exemplos originais, seguidos de sua tradução. (N.T.)

ção de grupo, quando são retiradas da tecnologia, seja o telefone celular ou o computador. O fato de que alguns garotos possam começar a usar suas abreviações em lugares onde elas não têm qualquer propósito — como em redações escolares — deve ser vigiado, naturalmente. Mas é isso que a escola precisa fazer. Tem sido um princípio do ensino moderno de língua — seja estrangeira ou língua materna — inculcar nas crianças um senso de responsabilidade e propriedade lingüísticas. E as crianças precisam ser ensinadas — se não desenvolverem essa intuição espontaneamente — que as abreviações nas mensagens de texto desempenham uma função útil, onde o espaço é pequeno e a rapidez um fator crítico, mas não em outros lugares.

O mesmo ponto se aplica às variações no sistema de escrita que os adultos, assim como as crianças, introduzem em seus emails. Muitas pessoas utilizam um sistema severamente reduzido, sem nenhum contraste tipográfico. Existem três características principais. O status das *maiúsculas* varia muito. Como a maior parte da Internet não é sensível a tipos, desenvolveu-se um uso ao acaso do tipo maiúsculo, ou nenhum uso. Há uma forte tendência para o uso do tipo minúsculo em todos os lugares. O princípio do "economize uma teclada" é amplamente encontrado em e-mails, grupos de bate-papo e mundos virtuais, onde frases inteiras podem ser produzidas sem letra maiúscula marcando o início de sentenças ou nomes próprios. A *pontuação* tende a ser minimalista e se encontra completamente ausente em alguns e-mails e intervenções de bate-papos. Aqui também depende muito da personalidade de quem escreve: alguns usuários de e-mail são escrupulosos com respeito à manutenção da pontuação tradicional; outros a usam quando necessitam, para evitar ambigüidade; e alguns simplesmente não a utilizam, ou por causa da velocidade de digitação, ou porque não percebem que uma das conseqüências pode ser a ambigüidade. A prática da ortografia também é diferente. Em inglês, a ortografia norte-americana é mais comum que a britânica, em parte por razões históricas (as origens da Internet) e em parte por questões de economia — em geral a ortografia americana tem um caractere a menos que a britânica (*color* versus *colour*, *fetus* versus *foetus* etc.). A ortografia fora dos padrões, altamente condenada na escrita tradicional (pelo menos, desde o século XVIII), é usada sem sanções em ambientes de conversa. Como já foi sugerido, os erros de ortografia em um e-mail são interpretados não como uma indicação de falta de escolaridade (embora possam ser), mas como uma conseqüência da imprecisão ao digitar.

Vejo esses desdobramentos como uma extensão do alcance expressivo das línguas que estão on-line. Novas convenções começam a ser introduzidas. Isso sempre acontece quando uma tecnologia revolucionária de comunicação aparece. Quando surgiu o prelo, toda uma escala de novas manifestações da língua escrita apareceu, incluindo convenções inovadoras de layout e pontuação, e uma padronização gradual da ortografia. Quando os telefones apareceram, novas convenções de interação discursiva tiveram de ser inventadas (dizer alô, especificar ou confirmar o número etc.). Quando a radiodifusão foi introduzida, a língua falada se diversificou imensamente, com resultados que vão do estilo de previsão do tempo aos comentários esportivos. Agora acontece o mesmo com a Internet, na qual a tecnologia motivou desde o início novos tipos de expressão. Por exemplo, o uso indiscriminado de minúsculas significa que qualquer uso do tipo maiúsculo é uma forma muito marcada de comunicação. Mensagens escritas totalmente em maiúsculas são consideradas como "gritos" e geralmente evitadas; palavras em maiúsculas acrescentam uma ênfase extra (o que também acontece com asteriscos e espaçamento):

Esse é um ponto MUITO importante.

Esse é um ponto *muito* importante.

Esse é um ponto m u i t o importante.

Outra característica distintiva da grafologia da Internet é o uso de duas maiúsculas, uma no início, outra no meio da palavra, observado em nomes como *AltaVista, PeaceNet* e *CompuServe*, ou, mais complexamente, como *QuarkXPress.** Há um uso maior de símbolos que não são normalmente parte do sistema de pontuação tradicional, como o #. Combinações estranhas de sinais de pontuação podem ocorrer, como (para expressar pausa) reticências (...) em qualquer número, hifens repetidos (---) ou o uso seguido de vírgulas (,,,,). Ênfase e atitude podem resultar no uso exagerado ou ao acaso de pontuação, como *!!!!!!!* ou *£$£$%!*.

O vocabulário novo também tem entrado nas línguas que estão on-line, tendo origem principalmente do uso global do inglês. Um grande número de palavras e expressões surgiu; e elas são necessárias para se falar sobre situações, operações, atividades e equipes restritas à Internet, tornando esse um dos mais criativos domínios lexicais do inglês contemporâneo. Desdobramentos análogos estão acontecendo em outras línguas, à medida que elas aumentam sua presença on-line. Muitos termos estão associados ao aplicativo que possibilita às pessoas usarem a Internet e aparecem rotineiramente na tela. Alguns têm presença permanente (embora em menus ocultos), sob forma de rótulos usados para designar áreas e funções de tela e especificar opções e comandos do usuário: *file, edit, view, insert, paste, format, tools, window, help, search, refresh, address, history, stop, contact, top, back, forward, home, send, save, open, close, select, toolbars, font, options.* Alguns termos aparecem apenas em intervalos na tela, dependendo das circunstâncias — geralmente, quando as coisas vão mal, sob forma de mensagens de erro (parece não haver mensagens positivas para nos dizer que tudo está indo bem): *proibido, operação ilegal, erro, não encontrado, erro 404* ["uma página ou site não está mais funcionando"]. Alguns termos estão associados ao uso do *hardware* do computador: *freeze, lock, down, hang, crash, bomb, client* (a máquina, não o usuário). E surgiram termos para a própria população de usuários da Internet: *netzens, netters, netties, netheads, cybersurfers, nerds, newbies, surfers, digiterati.* Muitas dessas palavras são termos de uso diário que receberam um sentido novo no contexto da Internet.

* Em inglês, o fenômeno é por vezes chamado de bicapitalization, ou BiCaps. (N.T.)

Um método popular de criação de neologismos na Internet é combinar duas palavras separadas para construir um termo novo, ou *palavra composta*. Alguns elementos surgem repetidamente — por exemplo, *click*, em *click-and-buy, one-click, cost-per-click, double-click, clickthrough rate,* e assim por diante. Semelhantes em função são os usos de *cyber-* e *hyper-* em palavras como *cyberspace, cyberculture, cyberlawyer, cybersex, cybersquatter, cyberian, cyber rights; hypertext, hyperlink, hyperfiction* e *hyperzine*. As misturas (em que parte de uma palavra é ligada a parte de outra) são ilustradas por *netiquette, infonet, datagram, infobahn* e *internauta*. Uma inovação é manter o ponto encontrado nos endereços eletrônicos em certas palavras compostas, como uma espécie de infixo, visto em *net.legend, net.abuse* e *net.citizen*, ou em sites começando com *alt.* (com o sinal de pontuação muitas vezes referido como "ponto"). Acrônimos são muito comuns: uma pequena amostra incluiria *BBS* ["bulletin board system"], *BCC* ["blind carbon copy"], *DNS* ["domain name system"], *FAQ* ["frequently asked questions"], *HTML* ["hypertext markup language"], *ISP* ["Internet Service Provider"], *URL* ["uniform resource locator"] e os nomes de muitas firmas e sites, como *AOL, IBM* e *IRC*. Combinações de letras e números também são encontradas: *W3C* ["world wide web consortium"], *P3P* ["platform for privacy preferences"] e *Go2Net*.

É sempre um sinal claro de que uma nova variedade "chegou" quando as pessoas em outras situações lingüísticas começam a repeti-las na fala. Portanto, é de grande interesse notar o modo como as características do *netspeak* já começaram a ser usadas fora das situações de comunicação mediada por computador, mesmo tendo o veículo se tornado disponível para as pessoas somente na década passada. Na conversação diária, termos básicos da tecnologia de computadores recebem uma aplicação nova entre pessoas que desejam acrescentar à sua conversa um leve tom de mordacidade. Exemplos ouvidos de conversas recentes incluem: *É minha vez de baixar agora* ("Ouvi todas as suas fofocas, agora ouça as minhas"); *Preciso de mais banda larga para lidar com isso* ("Não posso assimilar isso tudo de uma só vez"); *Continue com o pro-*

grama ("Não desanime"); *Ela está executando várias tarefas* ("Ela está fazendo várias coisas ao mesmo tempo"). Essas ressonâncias se tornaram agora rotina no rádio e na televisão: apresentadores fornecem normalmente endereços eletrônicos quando dizem a ouvintes e telespectadores como contactar um programa, usando *ponto* e *barra* para marcar sua fala. *Ponto com* é uma expressão comumente ouvida agora, onipresente na escrita de todos os tipos de anúncio e material promocional. E o prefixo *e-* é encontrado em milhares de expressões, como *e-text, e-zine, e-cash, e-government, e-bandwagon, e-books, e-conferences* e *e-voting*. Em 1998, a American Dialect Society indicou *e-* como "Palavra [*sic*] do Ano", assim como a "Mais Útil e com Mais Probabilidade de Sucesso".

Quantos desses desdobramentos vão se tornar uma característica permanente do inglês no século XXI é impossível dizer. O mesmo se aplica ao impacto da Internet em outras línguas. Jamais podemos prever mudanças na língua, apenas reconhecê-las quando ocorrem. Mas já ficou evidente que, desde a década de 1990, começou-se a desenvolver uma noção de *netspeak* que está rapidamente se tornando parte da consciência lingüística popular, e evocando fortes atitudes lingüísticas. Isso deve aumentar juntamente com o andamento do século.

As conseqüências de um novo veículo: para todas as línguas

Há mais uma razão para garantir o status revolucionário da Internet: o fato de ela oferecer um lar para *todas* as línguas, uma vez que as comunidades de falantes disponham de tecnologia de computador. Seu crescente caráter multilíngüe tem sido a mudança mais notável desde que ela começou, não faz muito tempo, como um veículo totalmente inglês. Há uma história de que o filho de oito anos do presidente da Quirguízia, Akayev, disse ao pai que tinha de aprender inglês. Quando perguntada por que, a criança teria respondido: "Porque o computador fala inglês, papai."

Para muitos, de fato, a língua da Internet *é* o inglês. Houve uma manchete do *New York Times*, em 1996, que era simplesmente: "World, Wide, Web: 3 English Words". O artigo dizia: "Se você quiser tirar máximo proveito da Internet, há apenas uma forma de fazê-lo: aprendendo inglês."[7] Essa visão não é mais válida. Com a globalização da Internet, a presença de outras línguas tem aumentado constantemente. Até 1998, um número amplamente citado afirmava que cerca de 80% da Net era em inglês. Esse total se originou do primeiro grande estudo de distribuição de línguas na Internet, realizado no ano anterior pela Babel, uma iniciativa conjunta da Internet Society e da Alis Technologies. Ele mostrou o inglês bem à frente, mas com várias outras línguas entrando no páreo — especialmente alemão, japonês, francês e espanhol. Desde então, as estimativas para o inglês vêm caindo constantemente. Um levantamento recente da Global Reach estimou que o número de pessoas com acesso à Internet em países que não falam inglês aumentou entre 1995 e 2000 de sete para 136 milhões. Em 1998, houve outra surpresa: o número de websites criados em outras línguas ultrapassou o total de sites recém-criados em inglês. E numa conferência sobre Estratégias para Ferramentas de Busca em Londres, em 2000, um representante da AltaVista estava prevendo que até o final de 2002 menos de 50% da web seria em inglês. Esse foi o caso. Em certas partes do mundo, a língua local já é dominante. De acordo com um autor de Internet japonês, Yoshi Mikami, 90% das páginas da web no Japão já são em japonês.

Não é surpresa ver a web (e a Internet como um todo) se tornando predominantemente não-inglesa, à medida que a infra-estrutura de comunicações se desenvolve na Ásia, África e América do Sul. Esses são os lugares onde a maioria das pessoas vive. A web está cada vez mais refletindo a distribuição da presença lingüística no mundo real, e muitos sites fornecem essa evidência. Há milhares de empresas fazendo o máximo agora para apresentar uma identidade multilíngüe, e centenas de sites importantes estão coletando todo tipo de dados sobre línguas. Consulte o arquivo de fontes da Universidade de Oregon, por exemplo; é possível encontrar

112 fontes de impressão para mais de 40 línguas. Eles têm um ótimo senso de humor também — porque se podem encontrar lá dados sobre línguas alienígenas, como o klingon, e línguas folclóricas, como o élfico, que Tolkien inventou para *O senhor dos anéis*. Passe uma hora procurando línguas na world wide web e você encontrará centenas. Em 2001, passei alguns dias buscando o máximo de exemplos possível para meu livro *Language and the Internet*. Encontrei um site, chamado World Language Resources, que listava produtos em 728 línguas. Encontrei uma lista africana que cobria algumas línguas locais: o iorubá, por exemplo, era ilustrado por cerca de cinco mil palavras, junto com provérbios, padrões de nomes e saudações. Outro site lidava com nada menos do que 87 línguas minoritárias européias. Alguns tinham um conteúdo muito pequeno, naturalmente, mas ainda assim variado: um deles fornecia o Pai-nosso em quase 500 línguas.

Ninguém até agora pesquisou quantas línguas obtiveram um mínimo de presença na web. Encontrei mais de mil com muita rapidez. Não é difícil descobrir evidências de presença na Internet para todas as línguas usadas com mais freqüência no mundo, e para um grande número de línguas minoritárias também. Meu palpite é que pelo menos um quarto das línguas do mundo — cerca de 1.500 — tem algum tipo de existência cibernética hoje. E isso é presença lingüística em um sentido real. Não existem sites que só analisem ou falem sobre línguas, do ponto de vista da lingüística ou de qualquer outro assunto acadêmico. São sites que nos permitem ver as línguas como elas são. Em muitos casos, a presença total na web, em termos de número de páginas, é muito pequena. O ponto crucial é que as línguas *estão* lá, mesmo se estiverem representadas por apenas uns poucos sites.

A Internet é o veículo ideal para línguas minoritárias, e isso é uma tábua de salvação que poderia se mostrar importante para algumas das línguas cujos apuros foram descritos no Capítulo 2. Se você é falante ou defensor de uma língua ameaçada — uma língua aborígine, digamos, ou uma das línguas celtas —, é natural que se sinta ávido por dar alguma publicidade a essa língua e mostrar suas dificuldades aos olhos do mundo. Anteriormente, isso era muito difícil de se obter. Havia dificuldade para se conseguir uma matéria de jornal sobre o assunto, e o custo de um anúncio na imprensa era proibitivo. Conseguir um programa de rádio ou televisão dedicado à questão era virtualmente impossível. Mas agora, com páginas da web e e-mails esperando serem utilizados, você consegue mostrar sua mensagem a qualquer momento — com tradução também, se desejar — e para uma audiência global, cujo tamanho potencial faz o público tradicional dos meios de comunicação parecer minúsculo. A mensagem na web se mantém, também, de uma forma que as referências de jornal e dos meios de comunicação não consegue. As salas de bate-papo, além disso, são uma dádiva para os falantes que vivem isolados uns dos outros, já que agora existe uma comunidade de fala virtual à qual podem pertencer. Algumas das línguas "menores" que possuem acesso à tecnologia de Internet — como as línguas minoritárias da Europa e muitas das línguas indígenas norte-americanas — têm hoje websites e estimulam as comunidades virtuais de falantes.

Por outro lado, é preciso reconhecer que desenvolver uma cyberpresença para uma língua não é fácil. Para começar, tem de haver infra-estrutura — e com tantas línguas ameaçadas existindo em partes do mundo onde o suprimento de eletricidade não é confiável ou não existe, as prioridades ficam claras. Assim, para se usar a tecnologia da web de hoje, a língua tem de ser escrita, e como vimos no Capítulo 2 isso exclui cerca de duas mil línguas que não receberam nenhum tipo de documentação. Outra complicação é que as letras diferentes de algumas línguas (em especial as que fazem uso de uma variedade de acentos) não são muitas vezes facilmente codificáveis, a fim de que possam ser "lidas" por computadores em todos os lugares. Por fim, mesmo que haja tecnologia e alfabetização, existe uma barreira de motivação a ser ultrapassada. Parece haver um tipo de "massa crítica" para a penetração da Internet, que tem de ser construída no país ou na comunidade antes de a língua desenvolver uma vida cibernética pulsante. Não adianta muito ter apenas um ou dois sites de uma língua local na web. As pessoas que querem usar ou ter informações sobre essa língua ficarão logo entediadas. O número de sites tem de crescer até, subitamente, todo mundo estar usando, dando contribuições e falando sobre eles. Esse é um momento mágico, e apenas algumas centenas de línguas o têm alcançado até agora. No jargão da Internet, precisa haver quantidades de bom "conteúdo" nas línguas locais que estão representadas; até lá, as pessoas continuarão a usar as línguas que conseguiram acumular conteúdo — o inglês em particular.

Assim, o caráter de uma Internet multilíngüe está ainda se desenvolvendo, e é provável que isso seja um dos pontos principais de desenvolvimento nos próximos anos. Tudo depende da rapidez com que os novos sites conseguirem criar importância para as línguas locais. E não se devem subestimar as dificuldades práticas. Tome-se, por exemplo, a questão aparentemente simples de se representar as letras de uma língua com precisão. Até muito recentemente havia problemas reais em se usar os caracteres do teclado para lidar com a diversidade de alfabetos das línguas do mundo. Porque foi o alfabeto inglês que se tornou o padrão, apenas uns poucos símbolos não-ingleses puderam ser usados. Se fosse uma palavra estrangeira com alguns acentos de aparência estranha, o aplicativo de Internet iria simplesmente ignorá-los e concluir que não eram importantes. Isso ainda pode acontecer — mas tem havido evoluções importantes. Primeira: o conjunto básico de caracteres do teclado, o chamado conjunto ASCII [American Standard Code for Information Interchange], foi estendido de forma que os acentos não-ingleses mais comuns pudessem ser incluídos. Mesmo assim, ele só permitiu a inclusão de até 256 caracteres — e existem muito mais formas de letras ou palavras no mundo do que isso. Basta pensar na quantidade de formas encontráveis no árabe, hindi, chinês, coreano e nas muitas outras línguas que não usam o alfabeto romano. Hoje há um novo código, o sistema Unicode, que é muito mais sofisticado: em sua última versão, ele permitiu a representação na tela de mais de 94 mil caracteres — embora esse número seja ainda bem menor que a soma total de caracteres escritos em todas as línguas do mundo, que foram estimados em cerca de 175 mil.

A minha impressão é que o futuro do multilingüismo na web parece promissor, e essa opinião está se difundindo. Ned Thomas, por exemplo, é editor de um boletim chamado *Contact* — a publicação trimestral da Agência Européia de Línguas Menos Usadas. Em um editorial de 2000, ele dizia: "Não é o caso ... de que todas as línguas serão marginalizadas na Net pelo inglês. Pelo contrário, haverá uma grande demanda por websites multilíngües, pela recuperação de dados multilíngües, por máquinas de tradução, para que os sistemas de reconhecimento de voz sejam multilíngües."[8] E Tyler Chambers, criador de vários projetos lingüísticos na web, concorda: "O futuro da Internet aponta muito mais para o multilingüismo, a exploração e o entendimento interculturais do que já vimos."[9] Eu também penso assim. A web dá boas-vindas à diversidade lingüística global. E em uma era em que tantas línguas do mundo estão morrendo, esse otimismo é realmente revolucionário.

4. Depois da revolução

As três tendências descritas nos capítulos anteriores — o surgimento de uma língua global, o fenômeno das línguas ameaçadas e a chegada da Internet — tiveram conseqüências para nossas idéias sobre diversidade lingüística. O "inglês global" forneceu um motivo extra para a criação de uma variedade do "inglês-padrão", de forma a garantir um veículo de entendimento internacional. Mas isso incentivou também o crescimento de outras variedades locais, como meio de expressar identidades regionais, e algumas dessas variedades irão, a seu tempo, se constituir em línguas novas. A Internet nos proporcionou um meio lingüístico novo, que oferece uma escala completamente nova de possibilidades de expressão, com dimensões inéditas de variação estilística e formas novas de enfocar o uso da língua. Existe até um aspecto positivo sobre a questão do perigo que correm certas línguas: a manifestação da morte das línguas em semelhante escala provocou um grande alerta na mente dos usuários de línguas ameaçadas e em todos os lugares estão sendo vistas agora iniciativas inéditas — entre elas a que levou ao Ano Europeu das Línguas — para influenciar a opinião pública sobre o que significa identidade lingüística e como ela pode ser estimulada. O potencial para que grandes coisas aconteçam existe. Mas, como sempre ocorre nas revoluções, compete aos indivíduos tirar proveito delas. E para fazermos isso precisamos repensar alguns de nossos conceitos estabelecidos sobre a natureza da língua. Isso nem sempre é um processo agradável.

Devemos repensar com mais cuidado o que aconteceria se levássemos o axioma do Ano Europeu das Línguas a sério e se pensássemos sobre ele de um extremo a outro. Eu o entendo como o reconhecimento de que o multilingüismo (muitas vezes chamado de plurilingüismo), em geral, e o bilingüismo, em particular, são um bem intrínseco. Relaciono esse axioma ao postulado de que o multilingüismo é a condição humana normal. Dependendo do que queremos dizer com bilingüismo, que discutirei a seguir, as estimativas do número de pessoas no mundo que são bilíngües variam de 50% (para uma competência de alto nível) a 80% (para algum nível de competência). Um número significativo usa três ou mais idiomas. Isso é uma evidência clara de que as crianças nascem não apenas com um DAL (Dispositivo de Aquisição de Linguagem), como Chomsky argumentou, mas com um DAM (Dispositivo de Aquisição Multilíngüe) — esse acrônimo evita a ambigüidade de que as crianças estão preparadas para adquirir apenas uma língua. A realidade é que não há limites para o número de idiomas que uma criança pode aprender quando exposta a eles. Do ponto de vista da criança, o fato de serem línguas diferentes é imaterial. São simplesmente modos distintos de falar. Nós adultos sabemos que são línguas diversas, mas só quando as crianças atingem o quarto ano de vida é que se tornam conscientes disso e começam a manipular os diferentes idiomas para vantagem pessoal.

Pensar sobre a noção de multilingüismo significa, antes de mais nada, reconhecer que ela não é homogênea. Aprender uma língua é uma experiência de tarefas múltiplas, envolvendo quatro modos em sua forma mais completa — audição, fala, leitura e escrita (a linguagem dos sinais é um quinto modo em certas circunstâncias). É perfeitamente possível desenvolver uma competência multilíngüe só nos dois primeiros desses modos — na verdade, em cerca de 40% das línguas do mundo, como já vimos, os usuários não têm escolha, porque suas línguas nunca foram escritas. É também possível desenvolver um conhecimento apenas "para leitura" de um idioma. E é também comum o diferencial entre modo passivo e ativo na língua falada e escrita: há pessoas que ouvem melhor do que falam, e que lêem melhor do que escrevem. A idéia de multilingüismo não pode ficar restrita só a quem é fluente nos quatro modos, porque isso excluiria uma proporção significativa da população mundial cujas vidas realmente funcionam através do uso de mais de uma língua. O multilingüismo tem que levar em consideração a competência em qualquer subgrupo desses modos.

É preciso também observar os vários níveis de competência dentro de um modo. Aprender uma língua envolve no mínimo o aprendizado de pronúncia, gramática e vocabulário (para restringir a questão a esses três domínios tradicionais). Vamos chamar a aquisição total de cada um desses domínios de "100% de fluência" — isto é, um falante consegue pronunciar todos os sons, usar todas as construções gramaticais, e saber todo o vocabulário disponível em uma língua (ou em um dialeto dela). Nessas bases, ninguém é totalmente fluente, porque ninguém conhece as cerca de um milhão de palavras do inglês, por exemplo; e algumas de suas 3.500 construções gramaticais não serão confortavelmente usadas por qualquer um (como as regras mais complexas do inglês literário ou jurídico), assim como certos efeitos mais sofisticados de tom de voz (como os usados pelos atores). Fazemos todo tipo de concessão ao falarmos sobre fluência, e operamos com uma escala nocional de 0% a 100% em cada uma dessas áreas. Sintetizamos então (em termos nocionais também) um total combinado para a língua como um todo, de forma que estejamos preparados para classificar a senhora X como sendo "mais fluente" que o senhor Y. Mas não existe nenhuma forma de avaliar se o senhor A, que é forte em gramática e fraco em vocabulário, é "mais" ou "menos" fluente que a senhora B, fraca em gramática e forte em vocabulário. O número de possibilidades é imenso. Tanto o senhor A quanto a senhora B são bilíngües, até certo ponto — e são com certeza mais bilíngües que o senhor C, que não tem qualquer competência em nenhuma área. Apenas essa concepção relativista de bilingüismo faz sentido em relação ao que vemos acontecer no mundo.

E o que vemos, quando olhamos em volta, é um mundo onde as pessoas estão sujeitas a níveis diferentes de exigências lingüísticas. Uma noção trivial, por exemplo, é a da "capacidade de sobreviver" usando uma língua, ou de "se virar". As pessoas usam esses conceitos o tempo todo, avaliando sua habilidade como maior ou menor em certas áreas e línguas. Todos nós sabemos como é difícil responder à pergunta "quantas línguas você fala (ou sabe)?". Damos sempre uma resposta evasiva. Isso é o reconhecimento da realidade do bilingüismo, de que não se trata de uma questão de tudo ou nada, mas de uma mistura dinâmica de diferentes níveis de competência, que estão sempre se modificando conforme mudamos de circunstâncias, ganhamos ou perdemos nossas oportunidades de usar uma língua ou, muito simplesmente, ficamos velhos. Quando ouvimos todo o mundo respondendo com evasivas ao ser perguntado diretamente "você fala X?" ou "você é bilíngüe?", é porque devemos estar fazendo a pergunta errada. Qualquer teoria de bilingüismo, para ser levada a sério, tem de reconhecer essa indeterminação.

O reconhecimento da indeterminação traz à baila um conceito que tem sido muito negligenciado, mas cuja significância deve crescer no século XXI — o semilingüismo. O termo é usado de formas diferentes. Pode significar pessoas que não alcançaram altos níveis de fluência nativa em *nenhuma* língua — como Salvatore em *O nome da rosa*, de Umberto Eco, que falava "todas as línguas e nenhuma" — em geral porque se mudaram demais durante a infância, e nunca viveram tempo suficiente em um mesmo lugar para ter uma família ou experiência comunitária estáveis. Milhares de famílias migrantes, viajantes, pessoas em busca de asilo e refugiados se encaixam nessa categoria. Eles não devem ser excluídos da nossa idéia de multilingüismo só porque seu mundo lingüístico é diferente. Um exemplo mais comum são as pessoas que vivem suas vidas em uma comunidade multilíngüe, mas que por alguma razão não conseguem (ou não desejam) alcançar níveis elevados de competência em todas as línguas daquela comunidade. Outra situação corriqueira é a de jovens que aprendem uma segunda língua (L2) no lar ou na escola primária, depois saem de casa para procurar trabalho em uma área onde a L2 não é usada e retornam mais tarde com um domínio semilíngüe da L2. Essa é uma forma de bilingüismo também. Uma terceira situação é ilustrada pelo cenário típico da África, onde uma comunidade pode fazer uso rotineiro de algumas línguas, mas o uso de cada uma está relacionado a uma situação social particular. Uma língua pode ser usada em casa, outra no mercado, uma terceira na igreja, uma quarta na escola, e assim por diante. Entretanto, a questão é que a "quantidade" de línguas necessária para "sobreviver" ou "ter sucesso" em qualquer desses contextos pode ser muito diferente da quantidade correspondente necessária em outros. Na verdade, pode ser muito pequena — como nos tempos em que uma variedade muito restrita de expressões latinas era ativamente usada pela Igreja Católica Romana. Mas alguém que use uma língua com competência, de forma restrita, não pode ser excluído do nosso cálculo multilingüista. Níveis consideráveis de competência lingüística podem ocorrer — mas ainda muito longe do que consideraríamos como 100% de fluência. Esses níveis limitados não teriam muito valor para a sobrevivência em um contexto como a União Européia, por exemplo, onde existe uma demanda por equivalência total de tradução.

Tal demanda — o princípio de que tudo dito em uma língua deve estar disponível em outra — também precisa ser repensada de alguma forma. É comum se ter uma experiência em uma língua sobre a qual não se consegue falar em outra, porque não conhecemos o vocabulário ou expressões relevantes (já observado no Capítulo 1, com o exemplo da mãe de fala francesa na Inglaterra). No caso africano acima, as pessoas que experimentam rotineiramente o contexto do mercado podem possuir um vocabulário de vegetais muito desenvolvido, por exemplo, que não possuem na língua falada na igreja. Não seria possível para essas pessoas manter uma conversa elaborada sobre repolhos na língua de sua igreja — e pode se supor que elas jamais precisariam disso. Apenas em algumas circunstâncias — nas quais existem certos constrangimentos legais, por exemplo, ou nas quais as pessoas estão preocupadas com a competição entre línguas em uma arena pública — a demanda por equivalência total de tradução faz sentido. A idéia de se "traduzir tudo" é incomum. O multilingüismo não se desenvolveu para nos capacitar a traduzir tudo para outras línguas, mas a fim de satisfazer as necessidades comunicativas pragmáticas de pessoas e comunidades individuais. Algumas vezes a tradução é útil; em outras, desnecessária; às vezes é decididamente indesejável; e muitas vezes é de fato impraticável.

É o último desses critérios o responsável pelo dilema enfrentado pela União Européia, quando seus membros aumentaram em meados da década de 1920. Não existe solução para esses dilemas se nossa atitude for condicionada por um paradigma de "traduzir-se tudo". Soluções podem ser encontradas apenas se esse paradigma for substituído por outro que reconheça algum tipo de seletividade, pragmaticamente guiada no contexto de uma língua franca. Um paradigma pragmático significa traduzir quando é útil fazê-lo, e não porque "tudo deve ser traduzido". Os critérios para se definir o que é "útil" também precisam ser pensados. Alguns itens (documentos, falas) são cruciais porque se relacionam com a percepção de um país quanto à própria identidade. Outros são importantes porque possuem um conteúdo legal que precisa ser apresentado em todas as línguas. Alguns serão úteis apenas para certos países (por exemplo, um documento sobre defesa costeira é presumivelmente de interesse limitado para países que não possuem litoral). É um axioma que todo país tenha o status de sua língua respeitado. Mas isso não quer dizer que tudo tenha de ser traduzido. Como um caso teórico: se existem 20 documentos e quatro comunidades lingüísticas (que compartilham uma língua franca), e os documentos 1-5 são traduzidos para a L1, os documentos 6-10 para a L2, e assim por diante, então todos estão sendo tratados igualmente e o respeito é compartilhado, embora nenhuma delas tenha todos os documentos traduzidos. O quanto esse modelo pode ser implementado na prática, em razão de sensibilidades políticas, não está claro; mas é óbvio que o respeito, assim como a tradução, é uma noção pragmática.

Esse tipo de raciocínio assusta as pessoas, porque o admirável mundo novo para o qual ele aponta não é familiar e nem foi testado. Mas está na natureza das revoluções oferecer às pessoas a necessidade de novos paradigmas. E hoje estamos experimentando uma revolução lingüística, na qual modelos antigos estão sendo substituídos por novos, e passamos por um período de transição que é inevitavelmente de grande incerteza. As pessoas não estão certas sobre o papel de uma língua franca verdadeiramente global, porque nunca utilizaram uma antes. Elas estão vendo a perda de línguas no mundo e não têm certeza do que fazer. E estão se defrontando com tecnologias novas e inexploradas, das quais possuem experiência limitada em relação ao manuseio. Os professores, no estágio mais avançado do trabalho lingüístico, se queixam rotineiramente de sua situação. Uma observação típica: "No passado havia o inglês norte-americano e o inglês britânico, e eu sabia onde estava pisando; agora, não faço idéia." Mas todos, não apenas os professores, estão se defrontando com as incertezas de um mundo lingüístico que muda rapidamente. Portanto, há uma tendência compreensível de resistir, de tomar posições extremas e de conferir às idéias tradicionais (como a de uma língua ter "status oficial") um peso que elas não foram feitas para carregar. O resultado é o que vemos: quantidades imensas de traduções não lidas; muito tempo desperdiçado e questões não mencionadas, porque as pessoas sentem necessidade de dizer tudo duas vezes em uma fala (uma vez na própria língua e novamente na língua franca); e o uso encoberto de "línguas de retransmissão" e "línguas de trabalho", para garantir que as tarefas sejam realizadas (o que mina insidiosamente o princípio de se respeitar a diversidade lingüística). Muito melhor me parece que as pessoas trabalhem para substituir suas concepções absolutistas por outras relativistas — o conceito de "língua oficial", por exemplo, deve ser substituído por "oficial para um propósito particular", e que gastem o tempo tentando entender o que esses propósitos significam.

Essas diretivas de pensamento são desconfortáveis, porque é da natureza da realidade lingüística ser desconfortável, especialmente em uma era revolucionária na qual as mudanças são tão rápidas e universais. Noções relativistas não possuem muita semelhança com o mundo em branco e preto onde os puristas da língua habitam. E o mundo do multilingüismo está cheio de puristas — pessoas que acreditam na existência de alguma forma de língua que é intrinsecamente superior a todas as outras, e que é seu dever protegê-la contra as mudanças, em particular contra a influência de outras línguas (e mais em especial ainda contra o inglês). Há um pouco desse purista em todos nós, mas é um elemento que temos de controlar, pois a realidade histórica é clara: todas as línguas mudam, todas fazem empréstimos entre si e não existe essa coisa chamada língua "pura", nem nunca existiu. O inglês, na verdade, é o idioma que mais pede emprestado, como vimos no Capítulo 1. Mas o empréstimo é muitas vezes visto como anátema pelos defensores do espírito puro de uma língua, porque eles sentem que a sua fica de algum modo diminuída se utilizar palavras de outras. Os puristas têm uma memória comunitária muito curta: esquecem que, uma geração antes, algumas formas da língua que agora eles aceitam como padrão eram controversas.

Como vimos no Capítulo 2, a questão é especialmente sensível entre a velha e a nova geração, a primeira insistindo em "correção" e a última querendo fazer uso de empréstimos "bacanas" (geralmente do inglês). Em uma língua "saudável", com milhões de falantes, as atitudes puristas não causam danos porque são engolidas pela miríade de opiniões que formam a comunidade de falantes. Na verdade, elas têm um papel importante a desempenhar, identificando o pólo de um espectro de opiniões que permite a outras posições serem vistas com mais clareza por contraste. Existe uma postura "descritiva" na lingüística, por exemplo, que afirma que todos os usos — sejam ou não o padrão — são válidos. Essa posição se torna definida com mais clareza quando é vista em contraste com a visão "prescritiva", que declara serem válidos apenas certos usos — os sancionados por gramáticas e dicionários respeitados. Mas quando se lida com línguas minoritárias e ameaçadas, o purismo se torna prejudicial. Meu ponto de vista é inequívoco: qualquer comunidade de falantes que permite o domínio da mentalidade purista na política lingüística está assinando a sentença de morte da sua língua. Os adolescentes são os pais da próxima geração de crianças, e se a língua é para ser transmitida, são eles que devem ser persuadidos de que há uma razão para isso. Mas cada vez que "sua" língua é rejeitada pelos mais velhos da comunidade porque é "incorreta", a vitalidade é reduzida. É mais um prego no caixão.

Temos que aceitar que a identidade de uma língua mudará — como sempre aconteceu no passado — até o ponto, como vimos no Capítulo 2, de alterar fundamentalmente seu caráter. Essa verdade intragável na aparência pode se tornar menos desagradável ao observarmos o que ocorre quando as línguas mudam realmente de caráter. Elas não se deterioram ou desaparecem; pelo contrário, seu novo caráter se torna mais um recurso que pode ser usado em todos os tipos de direções criativas. O inglês, como já vimos, fornece o caso clássico. O resultado de se ter acrescentado a ele grandes quantidades de vocabulário clássico e romântico não significou sua deterioração. Muito pelo contrário, o que temos agora é um léxico com uma escala de expressividade imensa, propiciando oportunidades novas para a criatividade. Ironicamente, muitas pessoas (mas não George Orwell) acham que o léxico clássico acrescenta "qualidade" ao inglês. A língua da próxima geração nunca é a mesma da de seus predecessores. E aceitar a inevitabilidade, ou a vontade, de mudanças é um componente essencial de qualquer abordagem realista do multilingüismo. Parte da nova atitude de uma era pós-revolucionária tem, portanto, de incluir a aceitação de níveis muito maiores de efeitos de contato (como os empréstimos) e a preparação para se encontrar um vasto número de línguas de "código misto", nas quais uma grande mistura ocorreu (como o uso de inglês e chinês no singlês).

Expor o argumento em termos de uma oposição entre "velho" e "novo", ou "correto" e "bacana", é uma distorção. As duas posições não são totalmente exclusivas. É perfeitamente possível haver uma situação lingüística em que o uso de um nível de língua muito coloquial e "bacana" coexista com um nível muito formal e "correto". Esse tipo de situação é bem capturado pela noção de tridialetismo descrita no Capítulo 1, e também pela idéia de duas versões diferentes para uma língua existindo ao mesmo tempo (*diglossia*), ilustrado por casos como o árabe clássico *versus* o coloquial, ou o suíço *versus* o alto alemão. É provável que as línguas se tornem cada vez mais diglóssicas (até *triglóssicas*, com três versões simultaneamente existentes), conforme os efeitos de contato aumentem, e estes serão observáveis em especial nas línguas minoritárias, nas quais o número menor de falantes fará com que esses níveis diferentes sobressaiam mais. Somente uma política lingüística inclusiva consegue lidar com esses desdobramentos. Qualquer política que opere de maneira exclusiva — declarando que um certo grupo de falantes não fala a língua "apropriadamente" — encontra-se em uma rota para a autodestruição. Uma língua minoritária precisa de todo amigo que puder encontrar, qualquer que seja o tipo ou nível de língua que os falantes exibem. Alguém que tenha acabado de pôr o pé nos degraus do bilingüismo (com 1% de fluência, nos termos estabelecidos acima) deve ser bem-vindo e estimado. Infelizmente, a surpreendente verdade é que as concepções históricas de propriedade podem se colocar no caminho da inclusão. "Eles não têm o direito de aprender nossa língua" é uma atitude muitas vezes vista, quando os tradicionalistas se confrontam com os que chegam. É uma postura complexa e não inteiramente desprovida de relevância, mas que leva à própria derrota.

Quanto mais exploramos a noção de multilingüismo em um mundo lingüístico pós-revolucionário, mais vemos que nossas idéias mais acalentadas precisam ser revistas ou até eliminadas. Mesmo noções tão básicas como a distinção entre línguas "nativas" e "não-nativas", ou entre "primeira" e "segunda" língua e língua "estrangeira", têm de ser repensadas. A situação referida no Capítulo 1 fornece um exemplo: crianças estão nascendo agora no mundo todo e aprendendo línguas de pais que falam idiomas mistos, para quem o inglês é uma língua franca essencial. Em outras palavras, essas crianças vão aprender "inglês como língua estrangeira" como língua materna. Esses desdobramentos podem pegar de surpresa até os profissionais da linguagem. O que eles precisam considerar são os níveis ainda mais altos de reavaliação que têm de ser alcançados pelo público em geral, dentre os quais, por exemplo, a noção de que monolingüismo significa a norma é surpreendentemente difundida (em especial nos países que têm uma história recente de colonialismo). Entre políticos e administradores há uma tendência natural para soluções eficientes e simples — fazer cálculos, por exemplo, de quantas línguas são convenientes para um país ensinar ou trabalhar em direção a elas. Mas noções de "L1 + 1" (aprender uma língua estrangeira além da sua), "L1 + 2", ou algo assim, mantêm pouca relação com o mundo real, onde as pessoas operam com quantas línguas precisam e em vários níveis. Na minha opinião, o único conceito que se relaciona bem com o mundo multilíngüe é o do *portfólio de línguas* — uma idéia muito usada agora na Europa, que se concentra na escala de línguas e competências que uma pessoa tem à sua disposição. É isso que precisa ser operacionalizado no currículo das escolas e nos demais lugares.

Para se lidar com revoluções são necessárias estratégias que sejam flexíveis o suficiente para integrar muitos níveis e tipos de usuários. Seu foco tem de incidir sobre "famílias comuns" e as crianças da casa, porque é aí que as línguas são adquiridas com mais solidez. Mas os lares precisam ser vistos no contexto das comunidades (real ou virtual) para se evitar o isolamento, e assim as iniciativas de comunidades locais têm de desempenhar seu papel. É esse foco local que proporciona meios de integrar as diferentes abordagens que as pessoas empregam, quando estão envolvidas com planejamento lingüístico. No Capítulo 2, referi-me ao papel das artes como estratégia significativa de chamar a atenção do público para as questões lingüísticas, especialmente com relação às línguas ameaçadas, e esse ponto será retomado abaixo. No Capítulo 3, aludi ao potencial revitalizante do meio eletrônico, mas o lar é o único lugar onde todos esses fatores estão rotineiramente presentes. A apreciação da arte começa no lar, das formas mais simples de decoração da casa e de arte corporal até os estilos mais avançados de música, pintura, filmes e de contar histórias. A atração pela tecnologia da Internet é cada vez mais baseada no lar, e vai crescer significativamente com a difusão da comunicação em banda larga. Assim, é em casa e na comunidade local que os efeitos da revolução lingüística vão se tornar mais aparentes.

As artes e a morte da língua

"Chamar a atenção do público para as questões lingüísticas, especialmente com relação às línguas ameaçadas." Como isso deve ser feito? Qualquer um que trabalhe na área de preservação sabe que o aumento da consciência lingüística é a meta mais difícil de se atingir. O movimento ecológico levou mais de um século para trazer o mundo ao seu nível atual de conscientização sobre espécies de plantas e de animais em perigo. Por exemplo, a Sociedade Nacional Audubon, nos EUA, foi fundada em 1866: isso significa que temos conscientização em relação a pássaros há quase 150 anos. Para sites sobre patrimônios da humanidade, temos o muito bem-sucedido programa da Unesco, iniciado em 1972. O Greenpeace, um ano antes, em 1971. O World Wildlife Fund em 1961. O World Conservation Union, 1948. Essa União precisou de mais de trinta anos para estabelecer uma World Conservation Strategy (1980), que levou aos princípios estipulados no documento *Caring for the Earth*, de 1991.

Comparadas a esses períodos de tempo, as conquistas da lingüística por meio de aumento da conscientização em uma só década foram na verdade notáveis. Graças a um esforço enorme por parte de um número relativamente pequeno de indivíduos e instituições, e à disponibilidade de novas tecnologias de comunicação, grandes progressos foram alcançados em relação aos três critérios que devem estar presentes antes que se façam avanços com uma língua ameaçada. Primeiro, existe o que podemos chamar de interesse particular (*bottom-up*)— a própria comunidade de falantes deve querer a salvação de sua língua —, há muitos relatos registrados de como atitudes podem ser administradas com sensibilidade e energias canalizadas para assegurar que isso aconteça. Segundo, deve haver interesse geral (*top-down*): os governos local e regional precisam simpatizar com a filosofia de revitalização da língua e apoiar a tarefa em questão. "Interesse geral" precisa incluir também a obtenção de apoio de organizações políticas internacionais, como a Unesco e o Conselho da Europa, que são cruciais para a formação de um clima político apropriado, em que as pressões possam ser suportadas nas situações difíceis. Precisamos apenas refletir por um momento sobre a quantidade de declarações políticas que foram feitas durante a década de 1990 — como a Declaração de Barcelona, em 1996 — para percebermos que um progresso enorme foi alcançado a esse respeito. Mas parece que ainda estamos distantes do objetivo de se obter uma declaração inequívoca das Nações Unidas sobre os direitos lingüísticos do homem.

Mas nem o apoio do particular ou do geral é suficiente sem o terceiro critério — dinheiro. Sabemos que implementar uma política para línguas minoritárias é caro, a curto prazo. A longo prazo, qualquer política equilibrada de multilingüismo, na qual as línguas minoritárias sejam respeitadas e protegidas, garante grande economia — mesmo que não haja nenhuma outra razão além de evitar os gastos imensos (muitas vezes em termos de vida, assim como de dinheiro) que surgem quando as pessoas, ao verem sua identidade lingüística ameaçada, tomam medidas cívicas para proteger a si mesmas e a seu futuro. Mas a despesa inicial custa dinheiro — não grandes somas, como vimos no Capítulo 2, mas suficientes para desagradar os governos, e o bastante para causar às organizações de apoio (como o Fundo para Línguas Ameaçadas) dificuldades consideráveis na busca de capital, se desejarem fazer até mesmo uma pequena contribuição para satisfazer as necessidades do momento. É por isso que os esforços das grandes organizações, como a Fundação Volkswagen e o Fundo Beneficente Lisbet Rausing, que estão doando somas significativas para a documentação de línguas ameaçadas no novo milênio, têm de ser aplaudidos de pé. Mas a pergunta permanece: por que não há mais organizações envolvidas? Por que, se a preservação das línguas é o equivalente intelectual da preservação biológica, ainda fizemos tão poucos progressos para obter o financiamento necessário? A World Conservation Union tinha um orçamento de 140 milhões de francos suíços em 2002, e muitos milhões mais vão para apoiar projetos de preservação biológica no mundo todo. Comparado a isso, o apoio para projetos lingüísticos parece tão minúsculo. Por quê?

A resposta, creio eu, é que ainda muito poucas pessoas estão conscientes da existência e da dimensão do problema. E há grandes quantidades da população em geral que precisam ainda ser persuadidas de que a situação *é* um problema. O mito de Babel mencionado no Capítulo 2 — de que uma única língua na terra garante um planeta mutuamente inteligível e, portanto, pacífico — é ainda amplamente aceito. E muitas das pessoas que não têm consciência da crise das línguas são as formadoras de opinião deste mundo — jornalistas, políticos, personalidades da mídia, homens de negócios e outros. Tenho minhas dúvidas se existe alguém no mundo pensante que não esteja consciente, mesmo que apenas superficialmente, da crise enfrentada pela bioecologia mundial. Contudo, apenas uma pequena proporção dessas pessoas tem alguma consciência da crise na ecologia lingüística. Quantos realmente sabem? Ao preparar um programa de rádio sobre o tópico durante a década de 1990, perguntei a uma série de pessoas na rua se tinham conhecimento de que tantas línguas no mundo estavam morrendo. As pessoas que disseram ter consciência disso (se elas realmente tinham ou não, eu não sei) eram uma em cada quatro. As outras três não faziam a menor idéia do que eu estava falando. Um exercício semelhante na University of Manchester obteve o mesmo resultado. Setenta e cinco por cento da população parece não saber que existe essa questão. E um bom número dos 25% restantes não acha que isso seja um assunto importante. Como essa mensagem pode ser mais bem comunicada a eles?

Palestras, livros e programas de rádio são os modos tradicionais — mas possuem efeito limitado. Mesmo que um dos livros acadêmicos sobre o assunto se esgote, estaríamos falando apenas de alguns milhares de cópias. Livros como o meu *Language Death* não entram na lista dos mais vendidos no Natal. Os textos acadêmicos têm um papel importante na formação intelectual de opiniões, porém não são uma forma de se aumentar a conscientização do público, especialmente quando se tem pressa. Temos de olhar em outras direções. Na verdade, há várias maneiras de se alcançar essa meta, porém a mais importante delas nós já começamos a explorar, mas não em nível institucional. Citarei quatro que são primordiais: usar os meios de comunicação, as artes, a Internet e o currículo das escolas. Todas elas precisam estar envolvidas em qualquer esforço sistemático a fim de trazer a conscientização do público sobre ecologia lingüística para o mesmo nível que existe no campo biológico.

Algum progresso foi feito com referência à primeira maneira: convocar o apoio dos meios de comunicação. Tem havido de fato um interesse crescente, demonstrado por alguns setores da mídia como conseqüência da década revolucionária. Alguns artigos apareceram em revistas e jornais de interesse geral. Houve reportagens, muitas vezes ilustradas com fotografias excelentes, em periódicos como *Civilization, Prospect, National Geographic, Scientific American*, e até a revista de bordo da British Airways, *High Life*. O rádio também vem prestando bons serviços ao assunto. Entre 2000 e 2001, tenho conhecimento de cerca de uma dúzia de programas dedicados ao tópico da morte das línguas nas duas principais estações de documentários da BBC, a Radio 3 e a Radio 4 — e um dos exemplos foi uma série (chamada *Lost for Words*) de quatro programas de meia hora. Parece ter havido interesse semelhante de rádios em outros lugares: sei de programas feitos nos Estados Unidos, Canadá e Austrália, e deve haver alguns mais em outros países. A televisão, por outro lado, tem se mostrado menos interessada. Desde meados da década de 1990 que tenho conhecimento de dez propostas aos vários canais de televisão do Reino Unido para documentários ou minisséries sobre a morte das línguas, e embora três delas alcançassem um estágio de preparação bastante avançado — incluindo, em um dos casos, roteiro e algum material filmado —, nenhuma jamais foi terminada. A única história de sucesso foi o componente sobre morte de línguas incluído na série *Beyond Babel*, produzida pela Infonation (a antiga central de cinema do Departamento de Assuntos Estrangeiros e Commonwealth do Reino Unido), que foi exibida em mais de 50 países em 2002 e está agora disponível em DVD. Ironicamente, tratava-se de um relato de como o inglês se tornou uma língua mundial; mas os produtores foram suficientemente razoáveis para aceitar o argumento de que havia o outro lado da moeda.

A omissão da televisão é parte de um cenário mais amplo. Nunca houve (a partir de 2003) uma série de TV popular sobre a questão da língua, como tal, em nenhum lugar do mundo. Tem naturalmente havido programas individuais sobre alguns aspectos mais "excitantes" da língua — como a aquisição da linguagem pela criança, a linguagem dos sinais ou os problemas da fala. E algumas séries ou programas sobre línguas individuais foram feitos. O inglês, como é de se esperar, obteve mais atenção. *The Story of English* apareceu na década de 1980 — uma grande co-produção transatlântica de oito horas — e outro épico, também de oito horas, *The Adventure of English*, apareceu na televisão do Reino Unido em 2002-2003, contando a mesma história de forma muito semelhante. Algumas outras línguas atraíram interesse também. Uma série em seis partes, *The Story of Welsh*, foi exibida na BBC do País de Gales em 2003; e houve programas semelhantes sobre bretão, irlandês e outras línguas minoritárias da Europa, e também sobre línguas indígenas da Austrália, dos Estados Unidos e do Canadá.

Mas em todos esses casos a energia criativa olha apenas para dentro. Esses programas contam a história do risco apenas no que afeta as comunidades individuais — galeses, bretões ou quem quer que seja. Nenhuma delas dá o passo necessário para trás e olha para a situação de ameaça das línguas como um todo. O mais próximo que se consegue chegar é quando o programa trata de mais de uma língua ao mesmo tempo, como um feito para a rede de TV da Holanda, em 2001, que enfocava a situação semelhante do galês e do frísio, e começava inevitavelmente a generalizar como conseqüência. Outro é um programa em andamento do diretor tcheco Michael Havas, cujo projeto sobre uma língua brasileira falada pela tribo krenak, *Brazilian Dreams*, é concebido como símbolo da situação mundial. Essas perspectivas são raras. Parece muito difícil conseguir que pessoas desesperadamente ansiosas sobre o estado de sua língua dediquem um pouco de energia a considerar o quadro mais amplo. Isso é falta de visão, porque cada língua em risco pode aprender alguma coisa a partir da situação de outras — porque algumas línguas parecem estar se saindo melhor que outras. Entretanto, em 2003 nosso tema ainda aguardava um tratamento efetivo por parte da televisão.

Como tive oportunidade de conversar sobre essas questões com algumas redes de televisão ao longo dos anos, tenho uma idéia de por que existe tanta relutância. Há uma visão geral de que língua é um assunto muito abstrato e complexo para tratamento na televisão. Após uma sondagem maior, vem à tona que os tomadores de decisão estão ou pensando no passado, nos seus dias de estudo de gramática na escola (grande parte dos diretores mais velhos de emissoras é da época em que era necessário se fazer análise sintática e estudar gramática prescritiva), ou tiveram um encontro imediato de terceiro grau com Chomsky, e isso os assustou. Eles se preocupam também com a generalidade do assunto: a língua não se encaixa bem no nicho da TV, como as questões políticas ou os programas humorísticos. Ficam petrificados diante do risco de uma abordagem acadêmica fazer as pessoas desligarem a televisão. Embora tenham existido séries de TV de grande sucesso criadas por acadêmicos e outros intelectuais — a de Michael Wood sobre Shakespeare, de Simon Schama sobre história, de lorde Winston sobre medicina e evolução —, quando se trata de língua, seus olhos perdem o brilho. Até os programas específicos sobre língua são afetados. Eles são apresentados não por lingüistas, mas por personalidades cuja reputação vem de outra área — *The Adventure of English* pelo romancista e admirador das artes Melvyn Bragg, e *The Story of Welsh* pelo apresentador de telejornais Huw Edwards. Se for por fim possível ver nas primeiras décadas do século XXI uma série de TV sobre a morte das línguas, sabe-se lá quem eles vão colocar para apresentá-la — Oprah Winfrey, provavelmente.

Mas isso seria uma coisa ruim? Se o conteúdo é bom e a qualidade garantida, então uma grande personalidade da mídia faria provavelmente muito bem ao assunto. O particular, o geral, o dinheiro — os três critérios vão todos operar nas melhores condições possíveis, se uma conscientização profunda da natureza e da probabilidade da morte das línguas alcançar a população em geral; e as personalidades podem ajudar para que isso aconteça. Contudo, é preciso mais que conscientização. Necessitamos também de entusiasmo. As pessoas têm de se interessar pelas questões que envolvem a morte das línguas. Suas emoções e seus intelectos precisam se engajar. Os lingüistas têm feito um trabalho muito bom desde meados da década de 1990, tendo em mente o seguinte tópico: um número significativo de pessoas possui agora um grau de compreensão intelectual sobre a questão que não possuía antes. Mas quantas fazem uma abordagem emocional? Quantas iriam chorar pela morte de uma língua, como choram por causa de uma espécie animal que está desaparecendo. Quantas experimentam uma felicidade autêntica diante da perspectiva de uma língua revitalizada — como no momento, em *Beyond Babel*, em que ouvimos Cally Lara, um adolescente de Huppa Valley, no norte da Califórnia, dizer: "Enquanto estivermos aqui, enquanto o vale estiver aqui, enquanto nossa cultura estiver viva, a língua e seu ensino serão parte do que fizermos. É nossa responsabilidade." E seu amigo, Silis-chitawn Jackson, acrescenta: "Se depender de mim, essa língua vai continuar viva." Ouvir adolescentes engajados na questão lingüística dessa forma faz o coração e a mente pularem de alegria. (Qualquer um que lida com adolescentes sabe como é difícil conseguir que se interessem por qualquer coisa, exceto sexo.) Quantos compartilham esse sentido de celebração? E quantos têm conhecimento dessas oportunidades — o Dia Mundial da Língua ou o Dia Internacional da Língua Materna? A resposta para todas essas perguntas deve ser: muito poucos ainda. Esse é o desafio do novo século.

Existe, evidentemente, um hiato entre conscientização e consciência lingüística. Temos de nos adaptar à sensibilidade das pessoas, e essa é a mais difícil das tarefas. Só sei de duas formas de se conseguir isso — uma é através da religião e a outra é por meio da arte. Das duas, a arte parece ser a mais geral, porque transcende a distinção entre teísmo e ateísmo. Como diretor de um centro de artes em minha cidade, aprendi, com nosso programa de exposições de arte, escultura, filmes, peças, concertos e performances de todos os tipos e tamanhos, que *todos* apreciam as artes, independentemente de idade e classe social. Eles podem apreciar tipos diferentes de arte; mas até as pessoas da minha cidade que torcem o nariz para uma exposição de arte abstrata ou um concerto de música medieval, chamando-os de elitistas, vêm ao centro de artes quando se está exibindo um filme de James Bond, ou representando-se uma pantomima de Natal para as crianças. E nunca vi uma casa sem algum tipo de quadro na parede ou enfeite sobre a lareira. A arte alcança todos. Como disse Oscar Wilde: "Passamos nossos dias, cada um de nós, procurando o segredo da vida. Bem, o segredo da vida está na arte."[1]

Assim, se queremos encontrar um meio de passar a mensagem sobre línguas ameaçadas para todos da forma mais direta e simpática, deveríamos usar as artes ao máximo. Os artistas podem ajudar mais do que qualquer outra categoria.[2] Repetidamente, encontramos pessoas reconhecendo essa opinião. O poeta norte-americano Archibald MacLeish coloca a questão da seguinte forma: "Qualquer coisa pode nos fazer olhar; apenas a arte pode nos fazer ver." Outro poeta, Robert Penn Warren, escreveu: "O poema não é algo que vejamos — é antes uma luz com a qual podemos ver — e o que vemos é vida." Picasso observou: "Todos sabemos que arte não é verdade. Arte é uma mentira que nos faz perceber a verdade." E, como se estivesse chamando atenção para a diferença entre a mídia e as artes, temos Ezra Pound: "A literatura é uma notícia que permanece notícia." Talvez a citação mais apropriada, nessa relação, seja a de Disraeli, no prefácio de seu romance *Coningsby*: "A ficção, na textura do tempo, tem a melhor chance de influenciar opiniões." Chego à conclusão, depois dessa listagem de pontos de vista, que o melhor caminho a seguir é através das artes, em seu sentido mais amplo, para incluir tudo que é sensorial — visual, verbal, táctil, gustativo e olfativo — que consideramos artístico. Mas aqui encontramos o Grande Divisor em sua realidade mais dura. Pois os lingüistas acadêmicos nunca foram muito interessados nas artes, e os artistas (nesse sentido mais amplo) nunca tiveram muito interesse em lingüística.

Desde a década de 1990, venho tentando encontrar exemplos de artistas que tenham abordado a questão da morte das línguas em suas áreas específicas, e encontrei quase nada. Perguntei a centenas deles se tinham conhecimento de alguma coisa nas artes visuais, e quase nenhum tinha. Vi várias exposições dedicadas à preservação de plantas e animais, mas nunca soube de nenhuma que tratasse da preservação de línguas. Conheço algumas pinturas sobre o tema geral da língua, como *WithOutWords*, de Hammond Guthrie, publicada em um número da revista de vanguarda on-line *The Third Page* (inverno/primavera 2002), sobre o tema *Non Angoro Vorto* ("Sem medo das palavras"). Mas nada sobre a morte das línguas. Encontrei uma escultura — uma escultura viva produzida por Rachel Berwick, mostrada em Nova York e Londres, na qual dois papagaios da Amazônia em um cercado especial tinham sido treinados a falar algumas palavras do agora extinto maipuré. Não sei de nada na fotografia, na cerâmica ou na tecelagem. Os artistas estão continuamente usando termos de linguagem para definir seus papéis — a "linguagem" da fotografia, pinturas que "nos falam". Mas parecem não ter se concentrado na língua como tema.

Eu gostaria que a música e a dança estivessem especialmente envolvidas nesse tópico. A música foi caracterizada[3] como "a língua universal da humanidade" (Longfellow), "a fala dos anjos" (Carlyle), "a única linguagem universal" (Samuel Rogers). Era de se esperar que essas metáforas tivessem motivado os compositores a pegar suas pautas para lidar com questões lingüísticas. Mas não encontrei ainda peças que tratem do assunto explicitamente, exceto uma curta amostra de música eletrônica gravada ao vivo pelo compositor francês Jean Vauget: "instant sonore #5 pygmées". O tópico da morte das línguas merece pelo menos uma sinfonia, fantasia, ópera, balé ou — para mudar de gênero — uma peça de jazz em grande escala, ou uma *stravaganza* para violão. Até os cantores folclóricos falharam em lamentar a situação. O mais próximo que um trabalho musical importante chega do assunto é a trilha que Philip Glass compôs para o filme de Godfrey Reggio, *Powaqqatsi*, o segundo de sua trilogia *qatsi* sobre os hopi — o nome significa "um tipo de vida [a tecnologia, nessa visão] que consome as forças vitais de outros seres a fim de favorecer a própria vida". O hino composto para esse filme expressa bem a noção de perda, mas o tema de Reggio é a destruição da cultura em geral, em conseqüência da tecnologia, e não a perda lingüística em particular. O próprio cinema, como veículo, parece também ter ignorado o tópico.

Esperaríamos que, por sua natureza, o mundo das artes verbais gerasse resultados mais positivos — o mundo da poesia, do teatro, do romance, do conto. Aí também há muito pouco. Não conheço nenhum romance diretamente preocupado com o tema, exceto uns poucos que refletem sobre uma situação cultural individual ou lingüística — como Joan Bodon (Jean Boudou) escrevendo sobre a morte de Occitan (por exemplo, *Lo Libre de Catoia*); a fábula do escritor argentino Leopoldo Brizuela sobre um encontro imaginário entre as culturas inglesa e patagônica (*Inglaterra, una fabula*); ou o relato do escritor abcázio Bagrat Shinkuba sobre a morte de Ubykh (traduzido para o inglês como *Last of the Departed*). Há o conto de Alphonse Daudet "The Last Class", sobre a reação de um garoto de colégio ao saber que o francês estava sendo substituído pelo alemão na sua escola alsaciana. Mas não parece haver nada de novo sobre o tema em geral — apenas um conto do escritor australiano David Malouf. Em um conto sucinto e empolgante, de apenas quatro páginas, "O único falante da língua", ele conta a história de um lexicógrafo que vai visitar um último falante. Quando o professor finalmente descobre esse homem, o encontro propicia um momento de reflexão pessoal: "Quando penso que minha língua não está mais viva na boca dos homens, um arrepio me percorre mais profundamente que minha morte, porque é a morte reunida de toda a minha raça."[4] Isso é poesia em prosa. E, para entrarmos no gênero da poesia, vejamos alguns autores que se *ocuparam* do tema. Venho coletando poemas sobre o assunto e já tenho cerca de 30. Do Canadá, temos Margaret Atwood com "Marsh Language" ["Língua dos charcos"], que se sobressai.

> The dark soft languages are being silenced:
> Mothertongue Mothertongue Mothertongue
> falling one by one into the moon.[5]

> [As línguas escuras e suaves estão sendo silenciadas:
> Língua mãe Língua mãe Língua mãe
> retirando-se uma a uma de volta para a lua.]

O autor americano W.C. Merwin escreveu alguns poemas relevantes. Aqui vai o começo de "Losing a Language" ["Perda de uma língua"]:

> A breath leaves the sentences and does not come back
> yet the old still remember something that they could say[6]

> [Um alento deixa as frases e não volta mais
> mas os velhos ainda recordam algo que poderiam dizer.]

A importância desses poemas é que eles são obras generalizantes. Não ficam restritos a lamentar o destino da língua do autor; eles usam uma experiência pessoal a fim de refletir sobre a situação mundial. Alguns autores são muito hábeis nisso. Um dos poetas do País de Gales que escrevia muitas vezes dessa maneira era R.S.

Thomas, um clérigo anglicano. Ele se preocupava desesperadamente com a perda do galês, mas notem como nesse poema, "Drowning" ["Soçobrando"], suas reflexões deixam no final o País de Gales e se tornam de aplicabilidade geral:

They were irreplaceable and forgettable.
Inhabitants of the parish and speakers
of the Welsh tongue, I looked on and
there was one less and one less and one less.

They were not of the soil, but contributed
to it in dying, a manure not
to be referred to as such, but from which
poetry is grown and legends and green tales.

Their immortality was what they hoped for
by being kind. Their smiles were such as,
exercised so often, became perennial
as flowers, blossoming where they had been cut down.

I ministered uneasily among them until
what had been gaps in the straggling hedgerow
of the nation widened to reveal the emptiness
that was inside, where echoes haunted and thin ghosts.

A rare place, but one identifiable
with other places where on as deep a sea
men have clung to the last spars of their language
and gone down with it, unremembered but uncomplaining.[7]

[Eram insubstituíveis e esquecíveis.
Gente da paróquia e falantes
da língua galesa, mas quando eu os olhava,
havia um a menos e um a menos e um a menos.

Eles não eram da terra, mas contribuíam
com ela ao morrerem, um estrume a que não
se devia referir como tal, mas do qual
cresciam poesia e lendas e histórias simples.

> A imortalidade era tudo que almejavam
> ao serem bons. Seus sorrisos,
> constantemente exercitados, tornavam-se perenes
> como as flores, brotando onde haviam sido cortadas.
>
> Eu servia apreensivo entre eles, até
> o que haviam sido brechas nas sebes esparsas
> da nação se abrirem revelando o vazio
> que havia dentro onde ecos reverberavam e difusos fantasmas.
>
> Um lugar raro, mas identificável
> com outros lugares
> onde sobre mar tão profundo
> homens se agarram aos últimos mastros de sua língua
> e afundam com eles, esquecidos e sem se queixarem.]

O objetivo não podia ser mais claro: um povo e uma língua "identificável com outros lugares", e a imagem da língua que se afoga encontraria eco em qualquer lugar.

Mas o gênero que mais me intriga, por ser o mais aplicável para se expor a questão da morte das línguas, é o teatro. Onde estão as peças? Existem obras que lidam com os problemas de uma situação lingüística/cultural particular — um exemplo bem conhecido é *Translations*, de Brian Friel, sobre o irlandês. Outra é *The Golden Age*, de Louis Nowra, sobre uma comunidade descoberta no interior da Tasmânia, em 1939, para a qual o autor criou uma variedade especial de fala. Mas que peças abordam o problema das línguas ameaçadas em geral, ou quais generalizam a partir de casos individuais da forma como R.S. Thomas fez em seu poema? *Mountain Language*, de Harold Pinter, uma explosão virtuosa de 20 minutos, é o único exemplo publicado, mas é de pouco uso geral porque trata apenas de genocídio lingüístico — o que, mesmo sendo relevante para algumas partes do mundo, representa apenas uma fração do cenário completo.

Foi por causa da falta de contribuições teatrais profissionais ao tema que aceitei a proposta de um diretor de teatro britânico,

Greg Doran, para fazer um tributo pessoal ao tema, que resultou na peça *Living On* (1998). Essa peça aborda a questão que considero ser de maior potencial dramático, a do "último falante". Criei uma comunidade e um personagem (Shalema) arquetípicos, baseados nas personalidades e tradições que vêm sendo estudadas em muitas partes do mundo. Inventei uma língua, fundamentada em universais lingüísticos, para ele falar; depois explorei as motivações e tensões que o afetaram ao decidir se permitiria que sua língua fosse registrada para a posteridade ou não. O trecho a seguir ilustra o estado de espírito de Shalema, quando conversa com o lingüista que quer gravar sua língua:

> Quando acordo pela manhã, minha cabeça não se encontra mais repleta do som dos ritmos de minha língua, como estava antigamente. Sua língua está aqui agora, fazendo-me pensar de forma estranha, forçando meus pensamentos a um ritmo estranho. Começo a esquecer como era. Todo dia sinto minha língua escapulindo. As palavras que eram minha vida estão me deixando aos poucos. Estão voltando ao lar onde nasceram. Não consigo mais contar nossas histórias direito.[8]

Embora a peça tenha recebido leituras de vários tipos, o assunto nunca atraiu o interesse do teatro comercial.

Talvez isso não seja surpresa. Parece que a morte das línguas não é apenas "teatro não-comercial" — é um "nada" comercial. Encontra-se tão longe das preocupações da maioria das pessoas, que elas têm dificuldade de avaliar o que a crise significa, porque não estão acostumadas a pensar sobre a língua como uma questão. De alguma forma, esses bloqueios precisam ser removidos. Precisamos fazer as pessoas pensarem sobre a língua mais explícita, íntima e entusiasticamente. O interesse existe na população em geral — a maioria das pessoas é fascinada por tópicos como de onde vêm as palavras, qual a origem do nome de sua cidade ou se o nome do filho significa alguma coisa. Elas estão certamente preparadas para brincar de jogo das palavras e de uma série de outros jogos lingüísticos *ad infinitum*; os jogos de palavras são de grande interesse no rádio e na televisão. Mas o desejo de canalizar esse interesse para questões gerais, a predisposição para abraçar a emoção e o drama inerentes à situação das línguas ameaçadas, não é algo que se veja muito. Esse é um objetivo que os artistas podem tornar alcançável.

Acredito que as artes sejam o maior recurso não explorado a ser utilizado, a fim de atrair o interesse público para a morte das línguas. E uma das minhas grandes esperanças para o novo século é que organizações nacionais e internacionais apresentem iniciativas lingüísticas e artísticas, nas quais os artistas do mundo se mobilizem para tratar do tema usando todos os expedientes a seu alcance. Os artistas são pessoas extraordinárias. Quando se consegue assegurar seu interesse, não é necessário persuadi-los a agir. Pela própria natureza, eles não conseguem não fazê-lo. O truque é atrair sua atenção para o fato de que a língua, como tal, é um tema. Isso fica demonstrado pelo trabalho de Lucy Crystal em Amsterdã, em um projeto chamado "Língua como arte e arte como língua". Ela fez contato com artistas em alguns países europeus, nenhum dos quais jamais havia pensado em produzir trabalhos relacionados ao assunto, mas todos se mostraram ansiosos por fazê-lo. Uma série de belos projetos surgiu a partir das idéias preliminares, mas na ausência de financiamento o programa permaneceu engavetado. Duas conquistas resultaram até agora da iniciativa. Em 2002, durante um projeto de um mês no Arizona, um pequeno grupo trabalhou com jovens de três comunidades ameríndias dos EUA, — hopi, navajo e gila —, isoladas na área rural ensinando-os a usar técnicas digitais de narrativa oral para registrar em filme aspectos das histórias orais de suas comunidades.[9] E, em 2003, outro grupo fez um filme sobre um ritual napolitano de narrativa oral (a *Tammurriata*), ainda praticado em cidades e vilarejos do sul da Itália, enfocando uma celebração anual em Maiori, perto de Nápoles. Parte de uma série projetada de filmes chamada "Histórias da margem: a arte da sobrevivência", essa iniciativa demonstra que há muito interesse, habilidade e potencial dentro da comunidade artística, e não tenho dúvidas de que isso ocorre no mundo todo — mas precisa ser explorado.

Dêem aos artistas oportunidades e eles as aproveitarão. O problema é que, com tanto trabalho, perdem-se ocasiões — não por causa de qualquer antagonismo ativo em relação à questão da língua, mas simplesmente porque as pessoas não pensam nisso como um fim. Em 2001, voltei do Brasil com um belo livro de fotografias sobre o país, no qual o autor e o fotógrafo tinham se esforçado para descobrir comunidades e meio ambientes ameaçados. Entretanto, não se via uma única menção à crise das línguas brasileiras no livro todo. Havia estatísticas sobre a quantidade de florestas que estavam desaparecendo, mas nenhuma sobre o número de línguas em extinção. O autor simplesmente não considerou a questão, teve-a como fato consumado ou se esqueceu dela. O fotógrafo sequer concebeu o estimulante desafio artístico de tentar documentar isso em fotos.

Precisamos das artes para ajudar a colocar nossa iniciativa nos três domínios em que ela pode obter mais impacto — os meios de comunicação, a escola e a casa —, e estes vão sugerir o tipo de ação que é necessário tomar, se quisermos fazer progressos significativos para reverter o fenômeno da morte das línguas. Para os meios de comunicação, precisamos de uma série de declarações memoráveis e citáveis de escritores, cantores pop, astros de cinema e outros que estejam na mídia. Os lingüistas já são escritores; assim, podem fazer sua parte. Mas as frases boas saem da boca dos artistas. Os meios de comunicação adoram artistas. Se um artista famoso está com um corte no dedo, isso se torna manchete junto com uma fotografia. Se um lingüista quebra o pescoço, o fato talvez seja noticiado em algum jornal noturno, na parte inferior da página 17 e com erros de ortografia.

No que diz respeito à escola, é preciso inserir a questão nos currículos — algo que está começando a acontecer em pequena escala. No Reino Unido, por exemplo, o tópico da morte das línguas é reconhecido no currículo de Língua Inglesa Nível A, que os estudantes iniciam aos 16 anos. Mas é muito tarde; a conscientização da crise biológica é introduzida na escola já aos cinco anos de idade. Projetos artísticos podem ajudar também. Existem várias exposições de arte feitas por crianças sobre o tema da extinção da vida selvagem. Tem de haver exposições sobre extinção das línguas também.

Mas, acima de tudo, é preciso levar a conscientização da crise das línguas para dentro de casa, e existem apenas duas formas de se fazer isso em grande escala: através da Internet e das artes. A Internet é um recurso importante e ainda pouco usado para o tema, mas, como dissemos no Capítulo 3, tem seus problemas: não está ainda disponível para uma grande parte da raça humana; pode ser lenta e enfadonha, especialmente quando se trata de baixar material multimídia; e os que usam a Internet rotineiramente sabem como é difícil divulgar uma mensagem — ou até fazer com que ela seja percebida em meio às montanhas de páginas que existem. Mas as artes podem entrar nas casas todo dia e de todas as formas mutuamente reforçáveis — via rádio ou programa de televisão, CD ou DVD, jogo de computador, decoração de parede, quadro ou fotografia, romance, cartão-postal ou mensagem de texto poética (atualmente, um dos meios artísticos mais interessantes entre os jovens). Há tantas oportunidades e tão poucas foram exploradas até agora.

Um exemplo é o Natal — mas o mesmo princípio pode ser aplicado a festas não-cristãs —, quando tantas casas recebem cartões de Natal. Alguns são bilíngües ou multilíngües, mas são todas línguas com saúde, cheias de *joyeux Noëls* e *fröhliche Weihnachtens*. Parece não haver cartões de Natal em que últimos falantes nos desejem boas-festas em suas línguas — possivelmente pela última vez? Parece não haver cartões nos desejando felicidade em aramaico, a língua de Jesus e seus discípulos, uma língua tão próxima da extinção no Oriente Médio hoje que se Cristo voltasse usando sua língua materna não encontraria ninguém capaz de entendê-lo.

Nenhuma das grandes questões levantadas pela ameaça e morte das línguas parece ter recebido tratamento artístico. Será que já existiu uma obra em que víssemos retratado, por exemplo, o lapso de comunicação entre avô e neto, ou alguma das imagens marcantes que caracterizam esse campo? Não há certamente escassez de imagens. Em um poema, "It hurts him to think" ["Dói nele pensar"], R.S. Thomas escreve:

The
industrialists came, burrowing
in the corpse of a nation
for its congealed blood. I was
born into the squalor of
their feeding and sucked their speech
in with my mother's
infected milk, so that whatever
I throw up now is still theirs.[10]

[Os industriais vieram,
escavando o cadáver de uma nação
em busca de seu sangue congelado.
Eu nasci na esqualidez dessa comida
e sorvi seu discurso
no leite infectado de minha mãe,
e tudo que regurgito agora
ainda pertence a eles.]

Uma imagem como "leite materno lingüisticamente infectado" clama por uma representação em outra mídia. Ou, novamente Thomas, em "Reservoirs" ["Reservatórios"], escreve:

I have walked the shore
For an hour and seen the English
Scavenging among the remains
Of our culture, covering the sand
Like the tide and, with the roughness
Of the tide, elbowing our language
Into the grave that we have dug for it.[11]

[Andei pela praia
Por uma hora e vi os ingleses
Revirando os restos de nossa cultura,
Cobrindo a areia como as marés e,
Com a violência das marés,
Empurrando nossa língua
Para a sepultura que cavamos para ela.]

“Empurrar uma língua para a sepultura” é outra imagem marcante. E existem muitas outras tão dramáticas e memoráveis que crescem hoje devagar na literatura poética. Em alguns casos, as pessoas podem achar essas imagens chocantes. Elas podem até ofender sua sensibilidade, mas pelo menos terão feito as pessoas acordarem e prestarem atenção.

Juntamente com as preocupações técnicas de documentação e análise da língua, as iniciativas para o novo século precisam se concentrar sobre a comunicação com o público em geral. A colaboração entre a lingüística, o mundo das artes e os meios de comunicação é a forma de avanço mais promissora, e é preciso encontrar meios de tornar essa colaboração mais fácil. No mínimo, deve haver um arquivo ou biblioteca de dados sobre línguas ameaçadas, acessível a jornalistas, locutores e artistas, de forma que todos possam com facilidade encontrar exemplos do que está acontecendo, a fim de manifestarem sua opinião. Um meio de se fazer isso seria estabelecer um arquivo público, como existe no mundo dos livros, para cópias de trabalhos — programas de rádio, artigos de revista, entrevistas com últimos falantes e líderes comunitários, filmes sobre comunidades —, qualquer coisa que se refira à morte das línguas. Depois, é necessário dar passos positivos para atrair o interesse dos artistas. Uma forma seria um prêmio. A sociedade moderna é obcecada por prêmios — Oscars, Grammies, Emmies, Globos de Ouro, Bookers, Pulitzers, Goncourts... A celebração anual do prêmio Turner, em suas decisões muitas vezes controversas, vem gerando um número extraordinário de discussões sobre a natureza da arte. É preciso que haja um prêmio para conquistas artísticas em línguas ameaçadas. Ele poderia ser anunciado no Dia Mundial da Língua.

5. TEMAS LINGÜÍSTICOS PARA O SÉCULO XXI

Devido a tantas inovações e mudanças lingüísticas na década de 1990, algumas das hipóteses sobre língua que se tinham como certas no século XX estão precisando de revisão no XXI. O aparecimento de uma língua global, o inglês, alterou o equilíbrio do poder lingüístico de forma sem precedentes, e gerou todo um novo conjunto de atitudes sobre língua e línguas. Muitas comunidades de falantes começaram a se sentir ameaçadas por uma situação que pode alterar o caráter de sua língua, ou, no pior dos casos, tornar seu uso tão reduzido que a própria sobrevivência do idioma vai ficar ameaçada. Algumas estão sentindo que é necessário introduzir políticas de proteção, ou pelo menos encontrar maneiras de administrar os efeitos das mudanças lingüísticas que têm ocorrido. Em nível internacional, como na União Européia, estratégias mais sofisticadas estão tendo de ser implementadas para salvaguardar o princípio de equivalência lingüística, ao mesmo tempo em que se reconhece o fato de que virtualmente todos falam inglês. Enquanto isso, algumas comunidades querem explorar a oportunidade de se fortalecer, surgida com a existência de uma língua franca internacional. Elas se vêem tendo de tomar novas medidas, como destinar recursos para o ensino de inglês, introduzir uma visão de língua inglesa nos níveis mais altos da administração (pelo menos nas empresas de alcance internacional) e assegurar que seu potencial turístico seja mantido, incorporando serviços de intérprete para inglês nos locais mais visitados.

Entretanto, a própria comunidade de usuários de inglês se encontra também em meio a certo tumulto, na medida em que os falantes (incluindo estudantes e professores) percebem que têm de lidar com uma língua que se diversifica rapidamente, na qual padrões regionais em expansão e um número cada vez maior de novos "ingleses" complicam um mundo onde apenas o inglês britânico e o norte-americano dominavam. O processo de mudança, além disso, vem sendo radicalmente afetado pela chegada da Internet. Ela não apenas propiciou à humanidade um terceiro meio de comunicação, cujo potencial mal começou a ser explorado, como deu início a um processo de tradução gráfica, do papel para a tela, de todos os estilos anteriores de linguagem escrita, e motivou a emergência de variedades lingüísticas absolutamente novas, por meio do *netspeak*. Neste caso também existe a necessidade de novas políticas e estratégias. Professores de inglês como língua estrangeira estão percebendo que devem ampliar o alcance de suas atividades, a fim de expor os alunos a novas variedades e formas de inglês, um processo que vai se tornar mais pontual quando materiais de ensino e sistemas de avaliação adotarem uma perspectiva global. E os professores de língua materna também estão tendo de se adaptar, na medida em que se vêem precisando substituir a antiga dedicação exclusiva à língua-padrão por uma abordagem que dispense uma atenção respeitosa a sotaques e dialetos locais, tanto no próprio país como no exterior. Mas não é apenas o ensino que é afetado. Todos têm de aceitar o potencial lingüístico (para o bem e para o mal) da Internet e planejar estratégias apropriadas de gerenciamento — como em relação ao status legal de documentos, ou à posição dos direitos autorais em trabalhos de criação.

A importância do inglês no cenário mundial e o papel da Internet na sociedade contemporânea, em suas diferentes formas, refletem o mesmo processo de globalização que vem causando tantos estragos em relação à diversidade lingüística do planeta. Não há dúvida de que a crise enfrentada pelas línguas mundiais é sem precedentes em dimensão e em urgência, e no século XXI ela é a principal responsabilidade a confrontar governos, organizações internacionais, filantropos, artistas e ativistas que reconhecem a importância da língua em suas vidas. O fato de que uma língua se extingue, em algum lugar do mundo, a cada duas semanas faz parecer pequeno o nível de ameaça às espécies botânicas e zoológicas, e isso clama por uma ação especial. A situação está recebendo ajuda pelo modo como a Internet se expandiu em tão pouco tempo, a ponto de se tornar um instrumento para uso de muitas línguas minoritárias e ameaçadas — ao oferecer um nível de capacidade expressiva que suas comunidades jamais teriam imaginado uma década atrás. Mas essa tecnologia simplesmente não está disponível para ajudar dois terços ou mais das línguas que correm mais perigo, de modo que é preciso encontrar alternativas. Sabemos, pelas atividades que vêm se processando ao redor do mundo nos últimos anos, que a documentação e a revitalização podem ser desempenhadas com êxito, se existir vontade política e financeira. Esse é o principal desafio lingüístico do novo século. A conferência da Unesco, em 2003, sobre línguas ameaçadas foi um passo importante na direção certa, mas se ela se revelará um avanço pequeno ou grande, isso permanece um mistério.

As três tendências da década revolucionária se inter-relacionam de todas as formas e apontam a importância de uma nova perspectiva. Tomar atitudes para promover, apoiar, proteger, administrar, ensinar e financiar línguas pressupõe uma certa conscientização sobre a natureza da língua como tal. O que é a língua? Como a fala se desenvolve na raça humana? Como isso acontece no ser humano individualmente? Como a leitura e a escrita surgiram? Como a língua está estruturada? De quantas formas ela pode ser usada? Existem características de som, gramática ou significado encontradas em todas as línguas? Essas perguntas são as mais fundamentais da lingüística, mas vão muito além dela em seu interesse geral e em sua relevância para a solução dos problemas diários da linguagem. Porque todo mundo, em algum momento, tem de lidar com questões e procedimentos surgidos com o aprendizado da língua materna ou da língua estrangeira, tradução e interpretação, uso de dicionário, precisão e clareza de expressão, e uma série de outras tarefas práticas, nas quais a capacidade de produzir e compreender a língua é crucial para o sucesso ou o fracasso. Pode parecer um truísmo, mas mesmo assim é preciso que se diga: todo o mundo, em uma era de comunicação global, precisa ter consciência da língua.

As escolas podem ajudar e o fazem, em especial desde a década de 1990, quando em algumas partes do mundo novos currículos começaram a chamar a atenção das crianças para os princípios e a prática do estudo da língua de formas novas e interessantes. Mas ainda se nota uma ausência de instituições capacitadas para satisfazer a curiosidade e as necessidades da população adulta. É interessante comparar a forma como outras áreas curriculares são tratadas. Se temos interesse em botânica, zoologia, geologia, tecelagem, transporte, história, artes, ciência ou tecnologia, podemos alimentá-lo visitando museus, salões de exposição, galerias, arenas ou outros espaços dedicados ao assunto. Toda cidade grande possui algum tipo de galeria de arte ou um museu de história natural. Mas onde está a "galeria" dedicada à língua? Onde está o espaço ao qual as pessoas podem ir para ver como a língua funciona, é usada e se desenvolve?

A década de 1990 no Reino Unido foi revolucionária em mais um aspecto. Um grupo de especialistas surgiu com a idéia de um Mundo da Língua, que poderia preencher essa lacuna. Seria um edifício com vários andares, o primeiro desse tipo, dedicado ao mundo da fala, da escrita, do significado, das línguas e ao seu estudo. Um prédio foi escolhido, em Southwark, bem próximo do Globe de Shakespeare. O projeto já tinha alcançado um estágio avançado, com apoio do Conselho Britânico, e tudo que se pedia era um pequeno financiamento do governo para fazer o plano deslanchar. As coisas pareciam promissoras. Mas então o governo teve uma idéia melhor. Foi chamada de Cúpula do Milênio.

O dinheiro desperdiçado no projeto da Cúpula teria financiado vinte "mundos da língua". Ainda não temos nenhum. No exterior, outros surgiram com idéias semelhantes. Os projetos possuem uma variedade de nomes, como A Cidade da Língua e A Cidade como Paisagem Lingüística. Alguns já existem, mas em escala muito pequena, como o Museu Educacional da Linguagem de Kiev. Em alguns países, a questão da língua está incluída em um escopo mais amplo, como no Museu Heureka, da Finlândia, e no Museu Nacional Japonês, de Osaka. Muitos museus, incluindo naturalmente alguns no Reino Unido, possuem seções dedicadas à história da escrita. Existem também alguns projetos virtuais, como o Museu Virtual da Herança Lingüística das Américas e A Casa das Línguas, uma iniciativa do Centro Europeu de Línguas Modernas. Mas todos esses projetos sofrem com a falta de financiamento e poucos ultrapassaram o estágio de proposta. Apesar do papel reconhecidamente fundamental da língua em relação à sociedade e ao pensamento da humanidade, há uma relutância extraordinária em se dar a ela o tratamento educacional público necessário.

Ainda aguardamos a chegada de uma Galeria de Línguas abrangente do mundo, e talvez o século XXI a produza. Entretanto, concluo assim minhas reflexões sobre as principais preocupações que devem caracterizar a postura lingüística do novo milênio:

1 A prioridade máxima deve ser um interesse maior pelas línguas ameaçadas. Essa preocupação pode assumir várias formas — além da tarefa de documentação lingüística —, como buscar apoio político, fornecer ajuda em nível comunitário e procurar financiamento. Todos os falantes, e em especial aqueles cuja língua *não* corre nenhum perigo (no presente), devem refletir sobre isso e fazer alguma coisa.

2 Logo a seguir, vem uma preocupação maior com as línguas minoritárias, mesmo que não se encontrem ameaçadas em um sentido global. Todas as línguas expressam a identidade das pessoas que a falam, mas para aqueles que formam uma parte pequena de uma grande comunidade o papel da língua é especialmente importante. Eles querem ver sua língua tratada com respeito pela cultura dominante; querem oportunidades (o que significa em geral financiamento) de usar a língua em público e vê-la valorizada. Seria intelectualmente desonesto se orgulhar das conquistas da própria língua e negar a mesma oportunidade às outras.

3 É preciso estimular um interesse maior por todas as pronúncias e dialetos de uma língua. Estamos falando sobre aceitar a variedade de formas que uma língua assume de um ponto do país a outro. Não é preciso gostar pessoalmente de todas essas formas, do mesmo modo como não se aprecia todos os tipos de música ou literatura. Mas não se deve sair por aí, como muitos fazem, considerando alguns dialetos (em geral urbanos) feios, grosseiros ou desleixados, e seus falantes pouco inteligentes ou criminosos. "Vigilância eterna" era a palavra de ordem de uma era lingüística purista e de espírito prescritivo, que já vinha perdendo força nos últimos anos do século XX. A divisa lingüística do novo século deve ser "tolerância eterna".

4 Ao mesmo tempo, é preciso promover um interesse maior pelo alcance expressivo das línguas. Isso quer dizer valorizar as variedades e os estilos de uma língua como um todo, sejam falados ou escritos, formais ou informais, regionais ou sociais, domésticos ou profissionais. Isso significa preocupar-se com padrões de excelência, reconhecendo, entretanto, que a língua reflete muitas necessidades e atividades diferentes. Um de seus propósitos é expressar identidade, como ficou visto; outro é incentivar o entendimento mútuo. Isso importa que a língua deva ser clara, que há de se ter cuidado para evitar ambigüida-

des, e as sutilezas de expressão precisam ser usadas com critério. Há muito existe a preocupação nas escolas de que as crianças dominem a língua-padrão, na qual o foco é sobre os sons, a gramática e o vocabulário que facilitam o entendimento nacional (e, nos dias de hoje, internacional também). No passado, isso era visto com freqüência como uma forma de substituir o dialeto local. A nova postura considera o valor de ambos.[1]

5 É preciso que nos tornemos mais multilíngües no nosso pensar e em nossas habilidades. Existem ainda muitas culturas que são monolíngües em seu temperamento. Estas — embora possamos não perceber — são as que se encontram em maior desvantagem. Apesar de culturalmente dominantes, refletindo seu passado colonial, estão sofrendo uma perda intelectual por não fazerem de uma segunda língua parte rotineira de seu crescimento. Vamos relembrar, do Capítulo 2, as palavras de Emerson: "Quanto mais línguas tiver, quanto mais amigos, quanto mais artes e ofícios, mais ele é um homem." Ou mulher. E os benefícios, como as pessoas estão começando a aprender, podem ser tanto econômicos como pessoais.

6 Precisamos aceitar as mudanças na língua como um processo normal. Isso significa parar de vê-las como sinais de decadência ou deterioração, e de se queixar à imprensa, ao primeiro-ministro ou a quem quer que se disponha a ouvir. Há provavelmente mais tempo desperdiçado com essa questão do que com qualquer outra no mundo lingüístico. A mudança é inevitável, contínua, universal e multidirecional. As línguas não melhoram nem pioram ao mudar. Apenas se modificam.

7 É preciso demonstrar uma preocupação maior pelos que estão encontrando dificuldades em aprender a sua língua materna — seja por razões de saúde, psicológicas ou outras. Dez por cento da população infantil está sujeita a problemas de audição, fala, leitura e escrita. Surdez, fenda no palato, dis-

lexia e fala tardia são apenas algumas das condições que formam o mundo de um outro esquadrão lingüístico profissional, os patologistas da fala e da linguagem. Esse é um universo onde há escassez de fundos também.

8 Precisamos mostrar mais preocupação pelos que perderam a capacidade de usar a língua materna em que foram um dia proficientes. Isso faz parte do mundo da patologia lingüística também, mas estamos falando agora das conseqüências lingüísticas de derrames e de outras formas de danos cerebrais entre a população adulta. A afasia é uma das síndromes mais conhecidas, mas existem várias outras dificuldades, como a gagueira, que necessitam de compreensão solidária e de pesquisas sérias.

9 É necessário aproximar mais o estudo de língua e de literatura. Com muita freqüência, escolas, universidades e instituições de ensino de línguas criam uma grande fronteira entre as duas áreas. "A língua" é ensinada em uma aula; "a literatura" em outra. É hora de se permitir uma conscientização lingüística maior na aula de literatura, e uma conscientização literária maior nas aulas de línguas. Ambos os lados, afinal, desempenham um papel na criatividade. A língua se desenvolve e muda através da criação de palavras e sentenças novas; a literatura, por meio da criação de novos discursos.

10 Finalmente, precisamos apreciar, verdadeiramente apreciar, o valor da língua no desenvolvimento humano e na sociedade. As línguas deveriam ser ensinadas e tratadas como tesouros nacionais.

NOTAS

Capítulo 1

O futuro dos "ingleses"

1. Carta ao presidente do Congresso, 5 set 1780, in C.F. Adams (org.), *The Works of John Adams* (Boston, Little, Brown, 1852, p.250).

2. Três livros concentraram-se no debate: o meu *English as a Global Language* (Cambridge, Cambridge University Press, 1997, 2ª ed. 2003), no qual este capítulo se baseia; David Graddol, *The Future of English* (Londres, The British Council, 1998); e Tom McArthur, *The English Languages* (Cambridge, Cambridge University Press, 1998).

3. Relatado em Geoffrey Nunberg, "Will the Internet always speak English?", *American Prospect* 11 (10) (27 mar - 10 abr 2000).

4. Relatado em David Robinson, "The Hollywood Conquest", *Encyclopedia Britannica Book of the Year* (1995, p.245).

5. Sridath Ramphal, "World language: Opportunities, challenges, responsibilities", trabalho apresentado na World Members' Conference of the English Speaking Union (Harrogate, Inglaterra, 1996).

6. Jean e William Branford (orgs.), *A Dictionary of South African English* (Cidade do Cabo, Oxford University Press, 1978); Joan Hughes (org.), *The Concise Australian National Dictionary* (Melbourne, Oxford University Press, 1989); F.G. Cassidy e R.B. Le Page (orgs.), *Dictionary of Jamaican English* (Cambridge, Cambridge University Press, 1967).

7. Tom McArthur, *The English Languages* (Cambridge, Cambridge University Press, 1967).

8. Richard Mulcaster, *The First Part of the Elementarie*. Organizado por E.T. Campagnac (Oxford, 1925 [1582], p.256).

Capítulo 2
O futuro das línguas

1. Manfred Görlach, *A Dictionary of European Anglicisms* (Oxford, Oxford University Press, 2000, p.1-2).

2. Ver David Crystal, *Language Death* (Cambridge, Cambridge University Press, 2000), no qual este capítulo — além da primeira seção — se baseia.

3. Ver Dónall Ó Riagáin (org.), *Vade-Mecum: A Guide to Legal, Political and Other Official International Documents Pertaining to the Lesser Used Languages of Europe* (Dublin, European Bureau for Lesser Used Languages).

4. Oliver Wendell Holmes, Senior, *The Professor at the Breakfast Table* (Boston, Ticknor and Fields, 1860, p.46).

5. In James Boswell, *The Journal of a Tour to the Hebrides* (Londres, Charles Dilly, 1785, registrado em 18 set 1773).

6. Ezra Pound, *The ABC of Reading* (Nova York, Laughlin, 1960 [1934], p.1).

7. George Steiner, *Language and Silence* (Londres, Faber and Faber, 1967, p.264).

8. Ralph Waldo Emerson, *The Conduct of Life* (Londres, Dent, Everyman's Library, 1963 [1860], ensaio sobre "Cultura", p.221).

9. Recomendações à Unesco para Planos de Ação de Salvaguarda de Línguas Ameaçadas (Paris-Fontenoy, Unesco, mar 2003).

Capítulo 3
O papel da Internet

1. In *Language and the Internet* (Cambridge, Cambridge University Press, 2001), no qual este capítulo se baseia.

2. Respectivamente: Philip Elmer-Dewitt, "Bards of the Internet", *Time* (4 jul 1994, p.66-7); Constance Hale e Jessie Scanlon, *Wired Style: Principles of English Usage in the Digital Age* (Nova York, Broadway Books, 1999, p.3); John Naughton, *A Brief History of the Future: The Origins of the Internet* (Londres, Weidenfeld and Nicolson, 1999, p.143).

3. *Os Simpsons*, episódio 12A6.

4. Tim Berners-Lee, *Weaving the Web* (Londres, Orion Business Books, 1999, p.132).

5. John Naughton, *A Brief History of the Future: The Origins of Internet* (op.cit., p.150).

6. Tim Berners-Lee, *Weaving the Web* (op.cit., p.151).

7. Michael Specter, "World, Wide, Web: 3 English Words", *The New York Times* (14 abr 1996, p.4-5).

8. Ned Thomas, "How much IT can minority languages afford?", *Contact* 16(3) (2000, p.2).

9. Citado em Marie-France Lebert, *Le multilinguisme sur le Web* (1999) <http://www.ceveil.qc.ca/multi0.html>.

Capítulo 4
Depois da revolução

1. In *Nothing — Except My Genius* (Harmondsworth, Penguin, 1997, p.4).

2. As citações seguintes são, respectivamente, de Macleish, "Riverside", in *Poetry and Experience* (Nova York, Houghton Mifflin, 1961, p.10); Warren, *Saturday Review* (22 mar 1958); Picasso, in Dore Ashton, *Picasso on Art* (Cambridge, MA, Da Capo Press, 1972, p.25); e Pound, *The ABC of Reading* (Nova York, Laughlin, 1960 [1934], p.29).

3. De, respectivamente, Longfellow, "Outre-Mer" (1833-5); Carlyle, *The Opera* (1852); Rogers, *Italy* (1822-8), in Derek Watson (org.), *Chambers Music Quotations* (Edimburgh, Chambers, 1991, p.7, 4, 8, respectivamente).

4. In *Antipodes* (Londres, Chatto & Windus, 1985, p.70).

5. In *Morning in the Burned House* (Nova York, Houghton Mifflin, 1995, p.19).

6. In *The Rain in the Trees* (Nova York, Knopf, 1999, p.67).

7. In *Collected Poems 1945-90* (Londres, Phoenix Press, 2001, p.464).

8. *Living On* (1998, disponível com o autor).

9. Ver seu relato diário em http://www.rez02.net

10. In *Collected Poems 1945-90* (op.cit., p.262).

11. Ibid., p.194.

Capítulo 5
Temas lingüísticos para o século XXI

1. Essa postura é o tema de meu livro *The Stories of English* (Londres, Penguim, 2004).

AGRADECIMENTOS

Os poemas de R.S. Thomas, republicados em *Collected Poems 1945-90* (Londres, Phoenix, 2001), são reproduzidos aqui pela gentil permissão de Gwydion Thomas (© Kunjana Thomas 2001): "Drowning", publicado originalmente em *Welsh Airs* (Bridgend, Poetry Wales, 1987); "It Hurts Him to Think", publicado originalmente em *What is a Welshman?* (Swansea, Christopher Davies, 1974); e "Reservoirs", publicado originalmente em *Not That He Brought Flowers* (Londres, Rupert Hart-Davies, 1968).

Índice Remissivo

A

B

C

D

E

F

G

H

I

J

K

L

R

S

T

U

V

W

Este livro foi composto pela Futura, em Minion e Optima,
e impresso por Bartira em janeiro de 2006.